啓次郎その生涯

島津啓次郎の謎に迫る

外山 英人

啓次郎その生涯

～島津啓次郎の謎に迫る

外山英人

はじめに

皆さんは、島津啓次郎という人物をご存じでしょうか？
島津啓次郎は、佐土原藩（現在の宮崎県宮崎市佐土原町）藩主・島津忠寛の三男として生を受けました。当時の佐土原は、薩摩藩の支藩であり、それほど栄えた町ではなかったでしょう。しかも啓次郎は長男ではなく三男ですから、地元の歴史に詳しい方以外は名前さえご存じないかもしれません。

かくいう私もそうでした。でも今では、それまでまったく知らなかった島津啓次郎の人生に魅せられ、彼の本を著そうと思うまでになりました。出会いというものは本当に不思議な力を持っていると実感しています。

私と啓次郎との出会いは、今から十年前、私が偶然手に取り読んだ小説『島津啓次郎』（鉱脈社）でした。
江戸末期の、日本が明治維新を迎えて新しい国として生まれ変わろうとしていたその時代に、彼は誕生しました。

当時はすでに、西郷隆盛や坂本龍馬、勝海舟といった、教科書やドラマにもよく登場し、誰もがその名を知る、名だたる人物たちが活躍していました。そんな時代の大きなうねりの中で、歴史の動向とはほとんど関係ないような土地で啓次郎は成長していきました。

そこに描かれていた啓次郎は、生来の自由奔放さや気性の荒さを持っていました。荒削りな性格ですが、正義感や使命感にあふれていて、どこか心ひかれる人物として私の目に映りました。彼は十三歳の時アメリカに留学し、五年半の海外生活を通して、人生の一つの大きな指針と出会っていくのでした。

啓次郎は帰国後、留学で学んだ自由や民主の価値観に根差した教育を志す夢に向かって歩み始めます。しかし、志半ばにして西南戦争に参戦することになり、二十歳の若さでこの世を去っていきました。

啓次郎の生きざまを、私は夢中で読みました。「あの時代に、この宮崎に、そんな人物がいたとは…」と、私はその人生にもっと触れてみたくなりました。

ただ、小説を読みながら、「こんな事実はなかっただろう」「この下りはきっと物語を面白くするための虚構だろう」などと思ってしまう場面がいくつかありました。啓次郎がアメリカ留学に行く際に乗り込んだ船に、あの歴史の教科書にも登場する有名なジョン万次郎が乗っていたという話や、坂本龍馬を育てた勝海舟と出会っていたエピソードなどです。

「地方の一人物である啓次郎が、歴史的に名を残した彼らと関わっているはずがない」と疑ったのです。そしてさらに、「いったいどこまでが事実で、どこからが作り話なのか確かめたい」と思うようになりました。

啓次郎のことを調べ始めると、残されている啓次郎の資料は宮崎には少なく、特にアメリカ留学に関してはほとんど資料がありませんでした。何の手掛かりもつかめず頓挫してしまい、ずっと前に進めずにいました。

ある日、佐土原歴史資料館を訪ねた時に願ってもない情報がありました。学芸員の方からアメリカのエール大学の教授の名刺をいただいたのです。「アメリカには何か資料が残されているかもしれない」と思った私は教授にメールを送り、その後教授とのメールのやり取りが始まりました。

そして、インターネットでアナポリス海軍兵学校を検索して、ニミッツ図書館ともメールでやり取りが始まり、エール大学の教授とアナポリス海軍兵学校の図書館からも多くの資料を提供してもらうことができました。

それらのアメリカからの資料を調べているうちに、どうしてもアメリカに行ってみたいと思うようになりました。

「啓次郎が滞在したところを訪ねてみたい。送っていただいた資料以外にも何か見つけられるかもしれない」と思うと、私はいてもたってもいられず、啓次郎の足跡をたどる旅に出ました。

実際にアメリカに行ってみると、当時日本からの留学生は珍しかったこともあり、考えていた以上にたくさんの資料が残されていました。

そのほかにも、啓次郎の名前が具体的に残されてはいなかったものの、「たぶんこれは啓次郎のことだろうな」とにおわせる資料に出会うこともできました。

この旅行は、私にとってとても意義深い旅になりました。

なぞに包まれた島津啓次郎の生涯、とりわけ彼のアメリカでの生活を少しでも紹介できればと思います。

外山英人

2020年9月

目次

啓次郎の足跡をたどって（旅行記 2019）

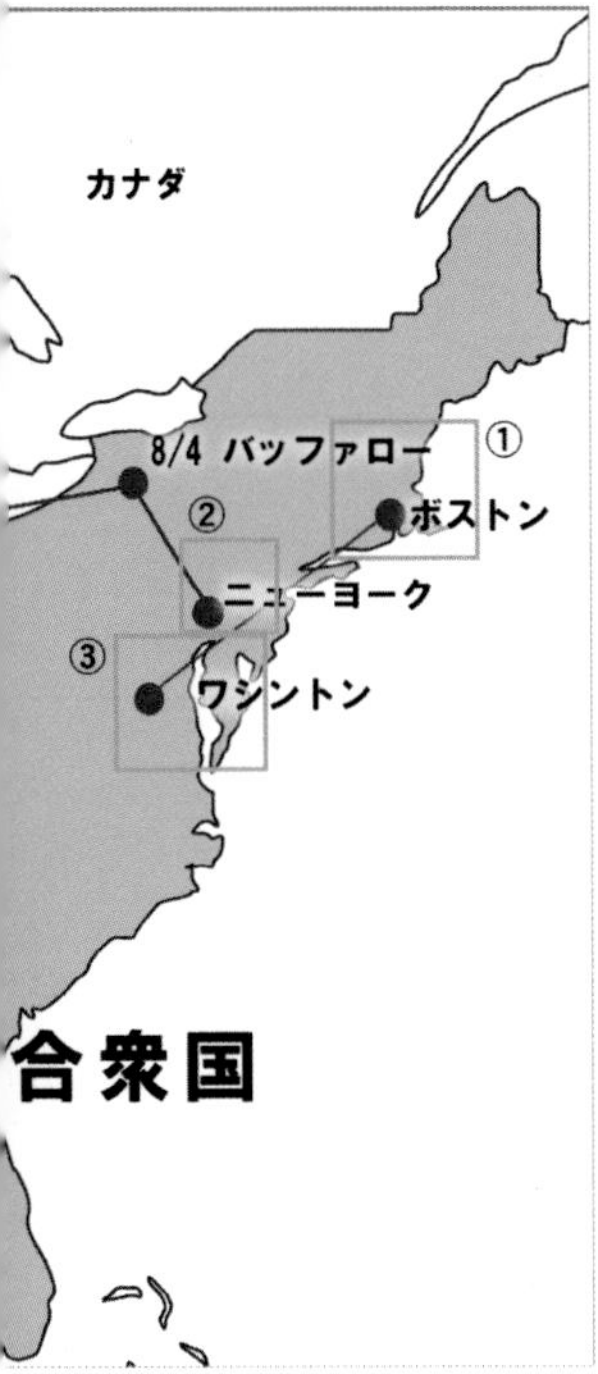

①ボストン周辺

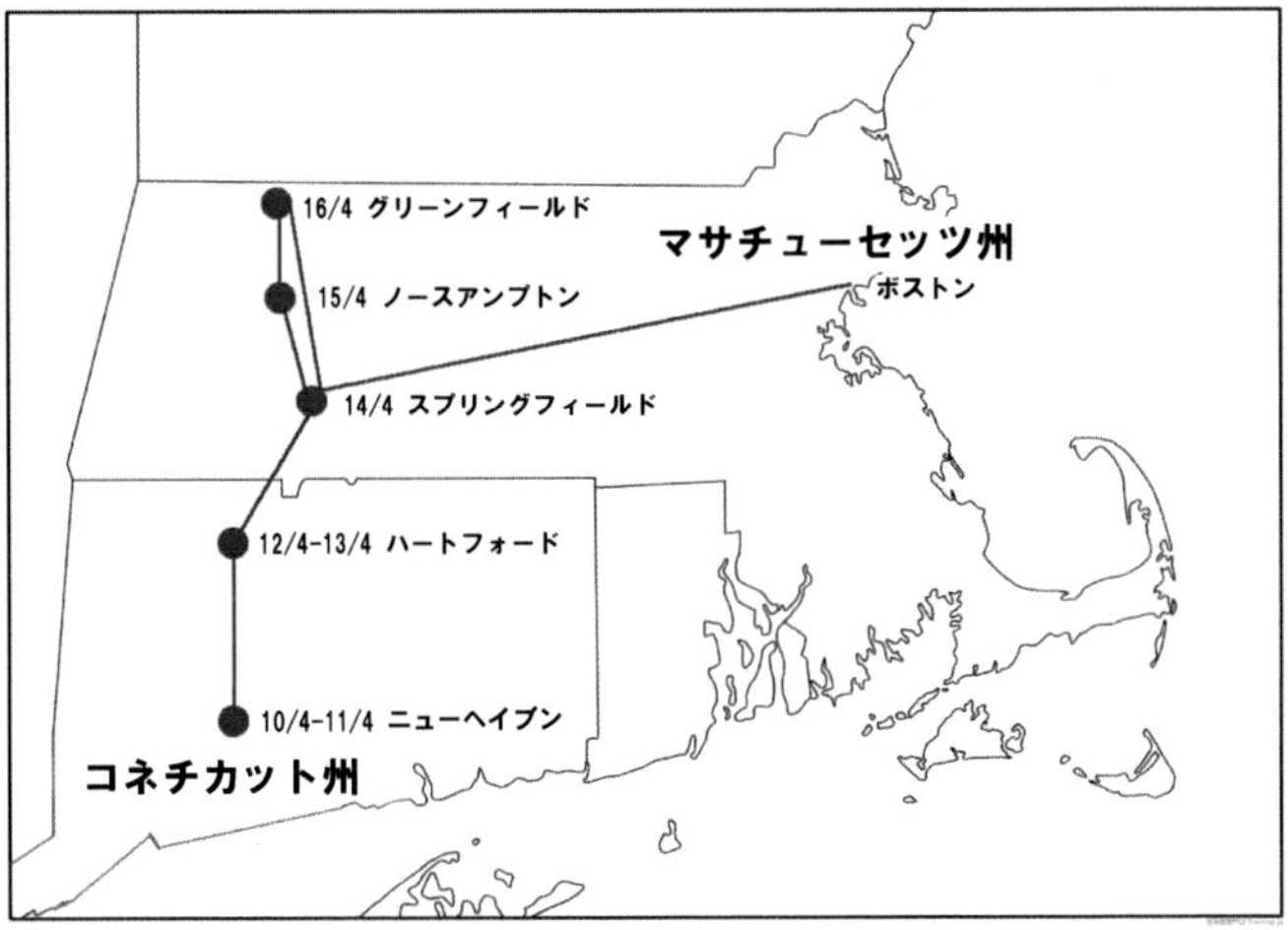

③ワシントン周辺

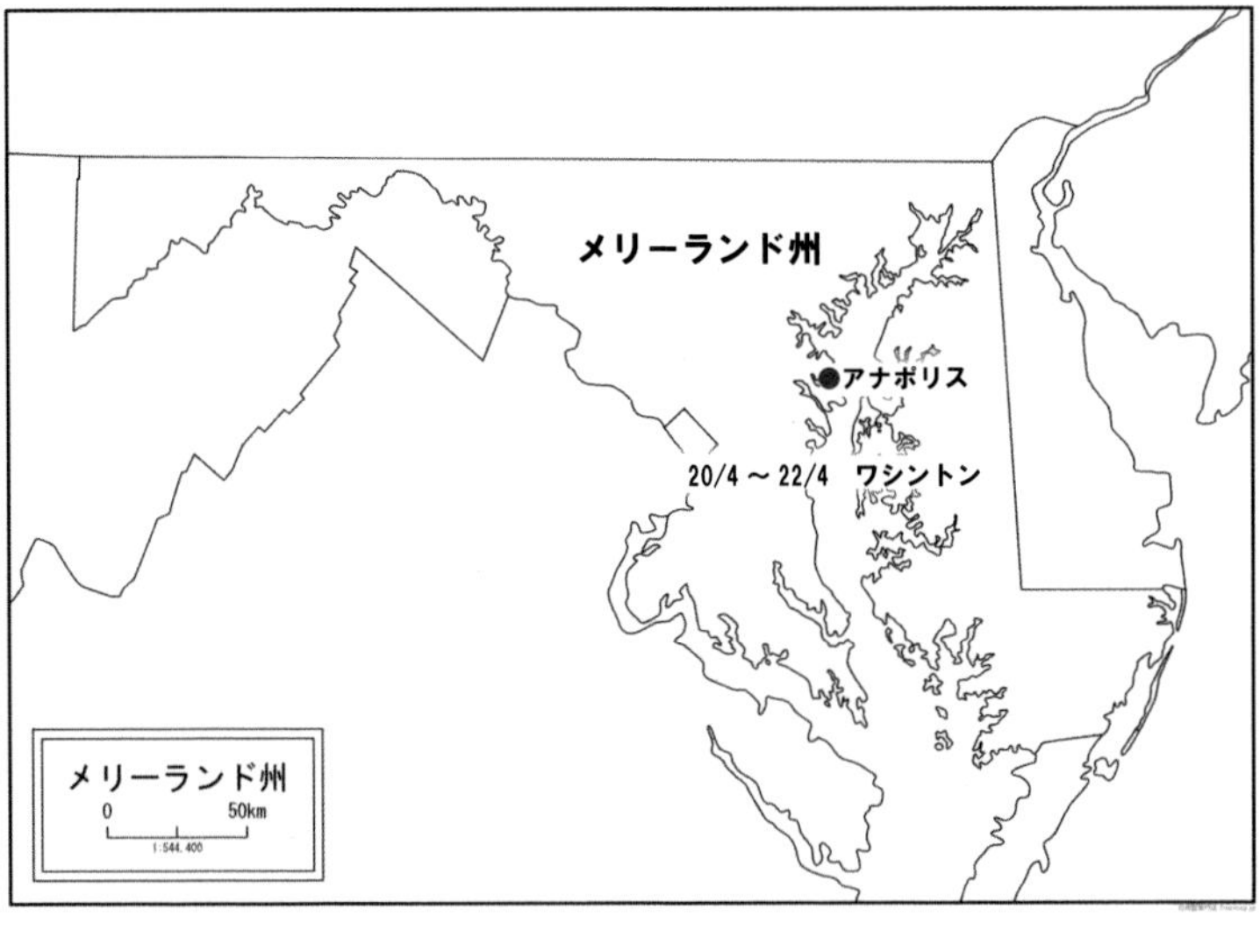

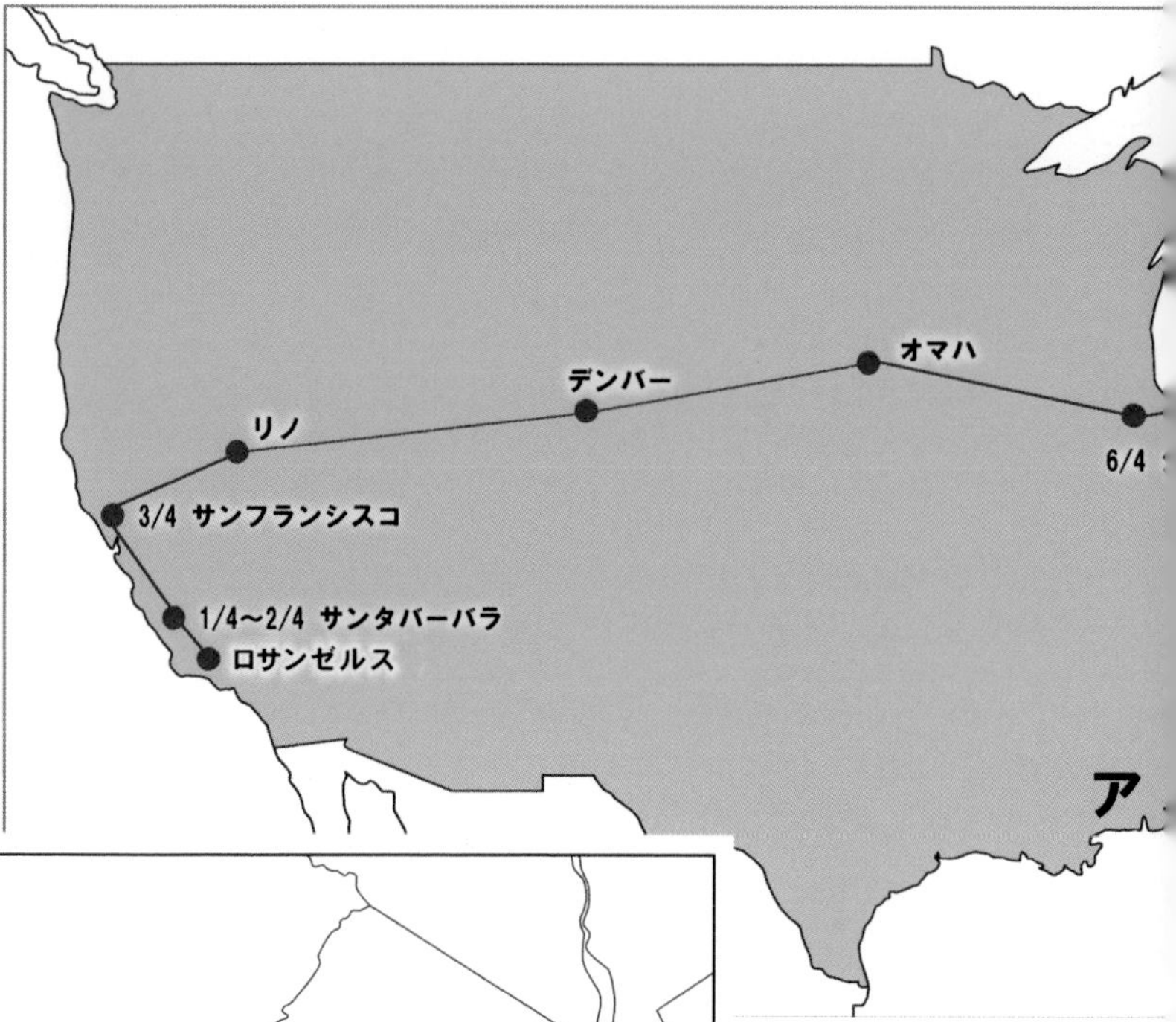
オマハ
デンバー
リノ
6/4
3/4 サンフランシスコ
1/4～2/4 サンタバーバラ
ロサンゼルス
ア

ニュージャージ州
ニューヨーク
ニューアーク
8/4 ～ 9/4
ニューブランズウィック
ニュージャージー州
0
50km

②ニューヨーク周辺

カバーデザイン／小林智子

第一章　旅立ち～薩摩へ

「皆の者おもてをあげよ。堅苦しい挨拶は抜きじゃ」

その声に促されて啓次郎が顔を上げると、父・島津《しまづ》忠寛《ただひろ》公（日向国佐土原藩第十代最後の藩主）の顔が正面にあった。正月の挨拶に登城して以来、久しぶりの対面だった。

年長の小牧秀発（藩校 学習館教師）が出立の挨拶をし、鹿児島に留学する六人を一人ひとり紹介した。

小牧の挨拶が終わると、忠寛公は小牧に向かって言った。

「小牧、ご苦労だが皆のことをよろしく頼む。特に、啓次郎は年少で、何かと迷惑をかけることになるかもしれない」

そう言うと忠寛は、小牧の後ろに控えていた啓次郎に目を移し、言った。

「啓次郎、初めての長旅、小牧の手を煩わせないようにな」

「はい。しっかり勉強してまいります」

啓次郎は緊張に表情を引き締めながらも、いつものように元気の良い返事をした。

十歳の啓次郎は、六人の若者たちの中で一番年少だった。忠寛は、啓次郎の過度すぎるやんちゃさをずっと気にかけていた。

主君への挨拶を済ませた啓次郎たちは、追手門を出て、五日町を経て、春田にある島津家の菩提寺・高月院《こうげついん》に参拝をした。

高月院の島津墓地の北側を通り、坂道をのぼる。坂道をのぼり切った所にある茶屋からは、佐土原の城下や日向灘が一望に見渡せた。

一行は、啓次郎と兄・武郎、御牧重太郎、籾木勇太郎、酒匂景素、山田愛之丞、目付け役の小牧秀発の七人だった。

「啓次郎様、大丈夫ですか？」

小牧は啓次郎を気づかい、尋ねた。

「まだまだ、今城を出てきたばかりです。少しも疲れてはいません」

「啓次郎様、お城が見えます。そして城下町も。あの町並みの後ろに広がる大海原が日向灘です。この峠を下ると、いよいよ佐土原とお別れです」

啓次郎は初めての旅に心躍らせていた。青々と広がる日向灘を背に都於郡《とのこおり》へ向かった。峠の茶屋から山道を下ると、黒貫寺《くろぬきでら》に向かう道と大安寺に向かう三叉路に出た。

大安寺に向かうため、池のほとりを都於郡の城下に向かった。

小牧は、幼い啓次郎に合わせるように最後尾を歩く。そしてその前を啓次郎をはさむように兄・武郎が付き、ゆっくりと歩いた。

「啓次郎、大丈夫か。足はいたくないか？」

「兄上、平気です」

啓次郎は、息を切らすことなく武郎の後を歩いた。


今市から緩やかな坂道を下りると佐土原藩の番所がある。ここで休息し、遅い昼食をとることにした。

「啓次郎様、ここが佐土原藩の境となります。境を超えると高鍋藩（飛地）の領地です。今日の宿の万福寺まではさほど距離はありません。草履も新しいものに替えて、万福寺に急ぎましょう」

「はい、小牧様。道中のどが渇き、全部飲み干してしまいました。水をお願いしたい」

小牧は、御牧重太郎に啓次郎の竹筒に水を汲んでくるように命じながら、ものに動じずハキハキと受け答えをする啓次郎の態度に感心していた。「町田様がきっと良い教育をされたのだろう。やんちゃで、わがままな性格ではあるが、明るく、何となく人を引き付ける何かを持っている」、小牧はそう感じていた。

番所をあとに藩境を越えた一行は、六野原《むつのばる》の大地を通り過ぎ、三名麓《さんみょうふもと》に出た。三名橋の下流を渡って本庄に向かい、万福寺のある六日町に着いた時は、もう日暮れになっていた。

「今日はこの万福寺にお世話になります。明日は、下に見える本庄川を渡り、天ヶ城に向かいます。みんな、今夜は風呂につかり、疲れをとって休むように」

小牧はそう言って一堂をうながした。

眼下の本庄川が、夕日をうけて赤く眩しく光っていた。啓次郎、十歳の旅立ちだった。

——その夜、啓次郎は夢を見た。

「おーい。ウナギがいるぞー」

「よし。みんなで囲いこめ」

三財川の河原に子供たちの声が響いている。かなりウナギを囲いこんだものの、啓次郎はなかなか捕まえきれないでいた。

「幸太郎、岸のほうに追え。浅いほうに追え！」

大声で啓次郎が叫んだ。

「啓次郎様、ウナギが隠れないように石をはいで手で追ってください」

「よーし、いいぞ、いいぞ」

ウナギは徐々に逃げ場を狭められ、やがて河原に打ち上げられた。

「よーし、ウナギ捕りもうまくいったし、今日も帰ったら剣術の稽古だ。帰って支度が出来たらみんな俺の家の庭に集まれ」

ウナギ捕りを終えて啓次郎がそう言うと、幸太郎たちは不機嫌そうな顔で言った。

「ええーっ！　今日もかよ」

「啓次郎様、今日は休みにしませんか？」

栄之進が啓次郎に提案した。しかし、啓次郎はすぐに首を横に振り、言った。

「だめだ。剣術の稽古をしておかないと、お城を守らないといけない時に役に立たないぞ。飯を食ったらすぐに集まれ」

啓次郎の言葉に、みな首をうなだれながら帰路についた。

「ただいま帰りました」

「おー、これは啓次郎様、お帰りなさいませ。今日は何か収穫がありましたか？」

「爺や、ほれ」

啓次郎は、先ほど獲れたばかりのウナギを爺やに渡した。

「おー、これはまた大きなウナギですな」

「父上の酒の肴に料理してくれ」

そう言うと啓次郎は、急いで握り飯と沢庵を流しこむように食べ、昼食を済ませた。

お腹もふくれ、眠くなってきた啓次郎は、板縁に寝っ転がり少しうとうとした。

「啓次郎様…啓次郎様…」

啓次郎は爺やの声で目が覚めた。

目を開けた啓次郎の周りには、子供たちが河原に行った時の格好のまま集まっていた。

「よし、みんな集まってるようだな。やけに今日は少ないな。まあいいか、その分たっぷり剣術の稽古ができるぞ」

集まっていた子供たちは厳しい啓次郎の言葉に少しおびえた。

「最初は幸太郎、お前からだ！　栄之進、木刀を持て。今日こそ幸太郎から一本くらいとれよ。三本勝負はじめ！」

啓次郎がかけ声をかけた。二人の子供は木刀を振り上げ向かい合った。


栄之進は、今日もやはり三本とも打ち負けてしまった。そんな栄之進に向かって啓次郎が発破をかける。

「栄之進、一本ぐらいとれ！」

栄之進は必死に幸太郎に向かっていくが、やはり一本もとれず、半べそを掻いてすわりこんでしまった。

一方、勝った幸太郎もまた、誰かに負けるまで対戦させられる。しまいには幸太郎もへとへとになった。

そんな子供たちを見ながら、啓次郎は全員に向けて檄を飛ばす。

「そんなことでどうする。敵が攻めてきたら、みんな城を命がけで守らなければならないんだぞ」

何をして遊ぶのも啓次郎は真剣だった。

啓次郎は、相撲でも剣術でも、打ち負かされる子供がいると何度でも立ち向かわせた。時には、持っている木刀で子供たちの尻を叩いて過度にけしかけることもあった。

啓次郎は、藩主・島津忠寛の三男で、側室の子として生まれた。

三歳の時に寺社奉行・町田宗七郎の養子になり、以後は町田の姓を名乗るようになる。啓次郎を不憫に思った宗七郎は、啓次郎をできるだけ自由に育てようと考えた。こうして啓次郎は、利発で、元気がよく、活発に育った。

しかし、粗野で乱暴な一面も見られた。宗七郎にはそれがとても心配だった。

宗七郎は、年々激しい一面を見せていく啓次郎に、少しずつ厳しい教育を科すようになった。学問所で学ばせることはもちろんだが、物事に動じない心を養わせようとするかのように、七歳になるころから、夕方になると屋敷の裏山にある氏神の桐堂に明かりを灯しに行かせ、再び明かりを消しに裏山に登らせた。

「啓次郎、そろそろ起きてはどうだ。もうみんな起きているぞ。お前が最後だぞ」

さまよい続ける夢の中で啓次郎を呼ぶ声がした。

「これは…兄の声？…そうだ、私は今薩摩に向かっている途中だった」

啓次郎の意識は少しずつ現実へと引き戻され、ようやくはっきりと目が覚めた。

朝食を済ませると啓次郎たちは、万福寺の下に用意されていた船で本庄川を渡り、高岡（天ヶ城の城下）を通って薩摩街道に出て鹿児島に向かった。

鹿児島に着いた啓次郎たちは、磯邸に島津久光公（薩摩藩第十一代藩主）を訪ねた。

久光公は到着を喜び、歓迎した。啓次郎たちから「重野塾」に行く予定を聞いた久光公は、その前にぜひ西郷隆盛に面会し、江戸や京都の話を聞くよう勧めた。「重野塾」は、重野安繹《やすつぐ》が鹿児島市西田につくった塾で、啓次郎たちはここで漢学の基本を学んだといわれている。

啓次郎たちは、久光公の勧めに応じて下鍛冶屋町に西郷隆盛を訪ねた。

「西郷隆盛です。佐土原からいらっしゃったのですね。遠いところをご苦労様でした。お疲れでしょう」

「ありがとうございます。私、佐土原藩の小牧秀発と申します」

最初に小牧が口火を切り、一行は順に西郷に挨拶をした。そして最後に啓次郎が挨拶をした。

「町田啓次郎と申します。よろしくお願いいたします」

西郷は、身長百八十センチ、体重百キロを超える巨体である。さらに眉は太く、ギョロっと大きい目をしていた。西郷のその存在感は強烈で、特別だった。

西郷は、幼いながらもやんちゃそうで、さわやかにハキハキとした受け答えをする啓次郎に、何となく坂本龍馬と同じ雰囲気を感じていた。

西郷は啓次郎に尋ねた。

「啓次郎殿と言われるか？　何歳になられましたか？」

「はい、十歳になります」

落ち着いて静かな口調の西郷に圧倒された啓次郎は、緊張で小さな声で返事を返すのが精一杯だった。啓次郎は、眼光鋭い西郷が座敷に現れた時から目が離せなくなっていた。そして話をするにつれ、西郷がとても人を引き付ける魅力を持った人物であると感じていた。

西郷は、重野塾の塾頭・重野安繹とは、奄美大島に遠島処分をうけている時に出会っていた仲だった。

啓次郎はそのまま重野塾に入塾した。満開に咲いた桜が散り始めた三月末のことだった。

重野塾に入って三ヶ月が過ぎ、梅雨に入ったある日、啓次郎は重野に用事を頼まれ、西郷宅を訪ねた。

用人に案内されるまま進むと、西郷は庭先に座っていた。西郷は浪人らしき一人の人物と何やら談笑していた。

啓次郎は、脇にいる人物に会釈をしたあと、西郷に重野からの手紙を渡した。

「おう、啓次郎か。久しぶりだな。お前も食ってけ。ほら」

そう言うと西郷は、ザルの中の蒸かしたからいもを一つ、啓次郎に渡した。

「啓次郎、紹介しよう。このお方は土佐藩士、いやいや今は浪人の身だが、坂本龍馬といわれるお方だ」

龍馬は、啓次郎に軽く会釈し、「坂本龍馬です」と短く名乗った。

「私は佐土原藩の町田啓次郎と申します。よろしくお願いいたします」

西郷は龍馬に、啓次郎が佐土原島津家の三男で、現在は重野塾で勉強をしていることなどを話した。龍馬は、京都の寺田屋で襲われて両手に傷を負い、療養を兼ねて西郷の計らいで薩摩に来ていた。

さらに西郷は、江戸や京都で今どのようなことが起きているのか、日本の将来がどのような脅威にさらされていて、今後どのような方向に向かおうとしているのか、そして坂本龍馬がどのような働きをしている人物なのかなどを啓次郎に話して聞かせた。

「啓次郎殿、今、日本は激動の中にある。君はまだ若いから、江戸や京都でどのようなことが起きているか理解は難しいかもしれないが、私はこの日本を変えなければならないと思っている」

龍馬は、心の内にある熱い情熱をそのまま言葉にした。まだ幼い啓次郎にも、それは充分に心に届く内容だった。龍馬は手に傷を負っているらしく、懐手のまま話し続けた。啓次郎と龍馬の会話はほんのわずかであったが、啓次郎の心に龍馬の存在を深く刻みつけるのに充分な時間だった。

このとき啓次郎は、龍馬がこの一年後に池田屋で暗殺されることなど知る由もなかった。これが西郷との初めての出会いで、龍馬とはその後二度と会うことのない出会いだった。

啓次郎たちが、佐土原城からどのような道をたどって鹿児島まで行ったのか、資料は残っていない。

ただ、当時の通常の道筋から考えると、おそらく佐土原から都於郡、今市、本庄六日町、そして本庄川を渡り、天ヶ城に出て、去川の関所（現・宮崎市高岡町）から都城に向かったと考えていいだろう。

去川の関所を過ぎてからは、都城盆地に出るまでの山道が街道最大の難所となる。国見峠を越え、有水に至る山道の険しい道のりは、まだ幼い啓次郎には相当厳しかったのではないかと思われる。

高城、桜木を通ると都城島津家があり、県境の平瀬谷を過ぎるとようやくそこからが薩摩の国になる。そこからさらに福山に向かい、船で錦江湾を渡り、鹿児島城に入ったのだろう。

三歳で寺社奉行の町田家に養子に出された啓次郎の資料は、まったくと言っていいほど現存していない。少年時代の逸話集がわずかに残っている程度である。

啓次郎は、十歳の時に一年間鹿児島に留学している。しかし、「重野塾で学んだ」との簡単な記述しかない。

一緒に留学をした小牧秀発は『西南戦争従軍記』などを書き残しているが、鹿児島留学の記録や道中記は残していない。啓次郎の町田家での生活、藩校での生活、鹿児島留学生活の資料も残していない。

島津久光、西郷隆盛を啓次郎が表敬した資料も、啓次郎が坂本龍馬に会った記述も残されてはいない。この話はフィクションとして書き加えたものである。

坂本龍馬が寺田屋で襲撃され怪我を負い、薩摩屋敷に逃げこんで、その後西郷と一緒に薩摩にやってきたのは一八六六年のことである。一方、啓次郎たちが薩摩の重野塾に入塾したのはその一年後のことである。啓次郎たちの留学がもし一年早ければ、この部分もノンフィクションになっていたかもしれない。もし…は歴史上にはあり得ないけれども、もしこれが現実であったならば歴史は今とは少し違っていたかもしれない。

龍馬は、この鹿児島での療養に妻のお龍を同行させていて、これは「日本で最初の新婚旅行」ともいわれている。

ちなみに、龍馬は寺田屋事件で右手に深手を負い、懐手はそれを隠していたものだといわれている。

龍馬が近江屋で中岡慎太郎と共に暗殺されたのは一八六七年十二月十日のことで、啓次郎が重野塾に入塾していたときの出来事だった。

西郷に「龍馬暗殺」の知らせは入っていただろうが、啓次郎の耳に実際にその報が入っていたとしても、啓次郎は龍馬の名前すら知らなかったかもしれない。

啓次郎たちは龍馬暗殺の一ヶ月後の一八六八年一月に鹿児島・重野塾での留学を終え、佐土原に帰った。

その二ヶ月前の一八六七年十一月、江戸では十五代将軍・徳川慶喜が天皇に大政を返上する、いわゆる「大政奉還」が行われていた。大政奉還の目的は、騒然とした幕末の内乱を避けて幕府独裁体制を終了し、徳川宗家を筆頭とする諸侯による政治体制の樹立にあった。

しかし、その体制がまだ整わないタイミングを狙って、薩摩軍を中核とする討幕派がクーデターを起こした。薩摩藩の支藩である佐土原藩もこれに呼応して立った。鳥羽伏見の戦いのはじまりである。啓次郎たちが佐土原に戻ると、すでに出陣の準備で騒然としていた。

鹿児島留学の学友であった御牧重太郎、籾木勇太郎も、帰ってすぐにあわただしく旅の支度をして佐土原を出立した。啓次郎は二人を城門で見送った。

戊辰戦争は、一八六八年（明治元年）一月の鳥羽伏見の戦いにはじまり、一八六九年（明治二年）函館戦争で終結した。

佐土原藩は、薩摩藩、大村藩などに劣らない働きで、小藩ながら討幕派の勝利に大いに貢献した。この後、幕府は急速に力を失い、やがて薩摩・長州・土佐藩を中心とした新政府が樹立していく。

佐土原軍の兵士たちは意気揚々と凱旋してきた。しかし、啓次郎はその中に二人の姿を見つけることはできなかった。そして、まもなく二人が戦死したことを知った。

戊辰戦争終結後、啓次郎の父・忠寛公は版籍奉還で佐土原県知事となり、ほどなくして東京へ向かうことになった。

忠寛公は佐土原を離れる際、町田家に居た啓次郎を呼び出した。

鹿児島に留学してから一年半が過ぎていた。しかし、啓次郎はこれといった目標も見つけられないまま、特に戊辰戦争で二人の学友を失ってからは悶々とした日々を送っていた。

町田宗七郎からそんな啓次郎の近況を聞いていた忠寛公は、啓次郎を東京に呼んで維新の新しい空気に触れさせ、以前のような活発さを取り戻させることは勿論だが、さらに何か目標とするものを見つけてほしいという思いも強かった。啓次郎も徐々に、漠然と「何かに挑戦したい」という気持ちがわき始めていた。

啓次郎は一八六九年（明治二年）七月、佐土原を発った。

三歳のときに養子に出された啓次郎は、鹿児島に一年の留学はあったが、八年近くを町田家で過ごした。

宗七郎にもちろん一抹の寂しさはあった。しかし同時に、ひとまわり大きな人物になってほしいという大きな願いもあった。そんな啓次郎の成長を心から願いながら、この新しい門出を見送った。

啓次郎、十二歳の夏だった。

東京に着くと、忠寛公はすぐに勝海舟を訪ねた。そして、勝が塾頭を務める「海舟塾」への啓次郎の入塾を依頼した。

こうして啓次郎は海舟塾への入塾を許されることになるのだが、この勝との出会いが啓次郎のアメリカ留学へとつながっていくのだった。

佐土原からの旅立ちは、啓次郎にとって大きな人生の転換点になった。

「薩摩一国」の意識から「日本国」への意識の高まり、さらに、世界から自国を眺めて未来への国家像を描いていく、そんな新しい価値観との出会いがその先にあった。

西郷隆盛も、坂本龍馬もできなかったアメリカ留学――。実際に外国の風の匂いをかぎ、その土地で生活した者にしか味わえない実感、肌と肌が触れあうような経験を通してしか得られない体験は、まさに新しい時代に必要とされるものだった。

そんな新たな人生との出会いに向け、啓次郎はいよいよその第一歩を踏み出したのだった。

第二章　アメリカ留学

佐土原藩からは、一八六九年（明治二年）に、啓次郎の二人の兄、島津忠亮《ただあきら》と大村武郎と、二人の家臣平山太郎と橋本宗儀が留学し、次の年には、啓次郎と三人の藩士、三浦十郎・児玉章吉・木脇良たち四人を加えて、合計八人の藩士がアメリカに留学した。

二万七千石たらずの小藩だった佐土原藩から、八人ものアメリカ留学生を送り出していることは、全国的に見ても非常に珍しいことだった。

啓次郎たちは一八七〇年（明治三年）九月二十四日、アメリカ留学に向けて「グレイト・リ・パブリック号」に乗り込み、横浜港を船出した。

啓次郎に同行したのは、三浦十郎、児玉章吉、木脇良の三人で、十三歳の啓次郎が最年少である。

啓次郎たちは、初めての船旅に船酔いがひどかった。

それでもしばらくすると、船酔いから解放され、啓次郎は物珍しさもあって船内を散策し始めた。

「どこの藩の方ですか？」

日本人らしき乗客を見かけ、啓次郎はそう尋ねた。相手はいぶかしげな顔をしてその場を立ち去った。そのほか何人かの乗客にも尋ねてみたが、みんな同じような反応だった。中には、聞いたことのない言葉を発する者もいた。

「啓次郎様、彼らは中国人です」

隣にいた児玉が、啓次郎に声をかけてきた。

「そうか。道理で言葉が通じないはずだ。それにしても中国人が多く乗っているのだな」

「彼らは、何でもアメリカの大陸横断鉄道の工事に行く者たちだそうです。今アメリカは東海岸から西海岸まで、何千キロにも及ぶ鉄道を作っているのだそうです」

児玉の説明を聞きながら、啓次郎は、「それにしても中国人は日本人と見分けがつかないものだ。これでは下手に声かけもできないな」と思っていた。

「失礼、あなたはどこの藩の方ですか？」

啓次郎にそう尋ねる者がいた。間違いなく日本語だった。

「私は日向佐土原藩の町田啓次郎といいます」

「私は土佐藩の林有造といいます。啓次郎殿はお若いようですが、何歳になられますか？」

「十三歳です」

「啓次郎殿おひとりですか？」

「いいえ、三人の藩士が同行しています」

「アメリカには何をしに行かれますか？」

「はい。東海岸のニューブランズウィックというところにあるラトガース大学に行きます。二人の兄と藩士たち四人がラトガース大学で学んでいます。私たちもひとまずそこにいる兄たちと合流する予定です」

「それは、それは。それにしても日向の佐土原藩から多くの方が留学されているのですね」

「はい。父上と勝先生の勧めがありました。黒船の騒ぎ以来、勝先生も私の父上もこれからの日本のことを考えて、私たち若者に外国を見て見聞を広め、勉強をしてくるように留学を勧めていただきました」

　薩摩藩の島津斉彬《なりあきら》公と佐土原藩の島津忠寛公は、江戸藩邸も近くにあり、懇意にしていた。

斉彬公は外国の事情に精通していた。忠寛公は、斉彬公から貿易その他外国の情報を聞くことができた。留学に関しても斉彬公の助言があったのかもしれない。林有造は、「それにしても八人もの藩士を留学させる島津忠寛公は、先を読むに優れた藩主だ」とすこぶる感心した。

啓次郎は林に聞いた。

「林様はおひとりですか？　アメリカのどこに行かれるのですか？」

「いやいや、私にも連れがおります。啓次郎殿もご存じかもしれませんが、いまヨーロッパでは、フランスとドイツとの間で戦争が起こっています（普仏戦争／フランス第二帝政期の一八七〇年七月十九日に起こり、一八七一年五月十日まで続いたフランス帝国とプロイセン王国の間で行われた戦争〜ウィキペディアより）。私たちは国の命令でその戦争を視察しに行くのです。アメリカで大原礼之助というお方と合流し、ニューヨークからフランスに渡ります」

そこに、林に声をかけてきた人物がいた。

「林さん、その少年は？」

「おぉ、これは中浜さん。この少年は佐土原藩の町田啓次郎というお方です」

中浜という その男は、啓次郎にさっと右手を差し出した。啓次郎も、つられるように右手を出した。二人は握手をしながら会話を始めた。

「私は中浜万次郎といいます。よろしく。啓次郎殿は一人旅ですか？」

「いいえ、私を入れて四人です。昨年、兄たち四人が留学しています。私たちは渡米後、ひとまず先発した兄たちを頼ります」

「それはそれは。アメリカまでは長い船旅になります。退屈でしたら、ぜひ私をお訪ねください。よろしければアメリカの話や英語をお教えしましょう」

「ありがとうございます」


啓次郎はこの時、中浜万次郎がなぜ英語を話せるのか理解できなかったが、笑顔で一礼し、その場を離れた。

林有造は、啓次郎に声かけしたように児玉たち三人にも声をかけていた。そのほかにもこの船に乗り合わせた日本人に声かけをして、全部で二十七名の名前を記録した。

中浜万次郎とは、のちの「ジョン万次郎」のことである。この時は、大山巌、桂太郎、池田弥一郎、品川弥二郎、林有造たちの普仏戦争視察団に通訳として随行していた。

万次郎は土佐の漁師で、十四歳の時、漁に出ていて船が難破し、アメリカの捕鯨船に助けられた。そして、アメリカで十年ほど生活をしている。

啓次郎は万次郎の船室を訪ねてみた。万次郎は啓次郎を歓迎し、一八五二年（嘉永五年）の漂流から、十一年後に故郷に帰りつくまでの数々のエピソードについて話した。啓次郎は、まだ見ぬアメリカの話にすっかり心を奪われ、真剣に耳を傾けた。

「啓次郎殿は英語を話せるのですか？」

「いいえ、勝先生の塾で英語の勉強はそれなりにしていましたが、英会話はほとんどできません」

「そうですか。それでは私が簡単な日常会話をお教えしましょう。明日からも毎日私のところにいらっしゃい」

万次郎は毎日、英語の挨拶から、アルファベットの書き方、読み方、ローマ字での名前の書き方などを啓次郎に教えていった。啓次郎は、海舟塾で英語の勉強をそれなりにしてはいた。しかし、その万次郎の英語は、アメリカで生活するための「生きた言葉」としてまったく新しい語学を習うような感覚であった。

1870年（明治３年）10月１日の新聞記事

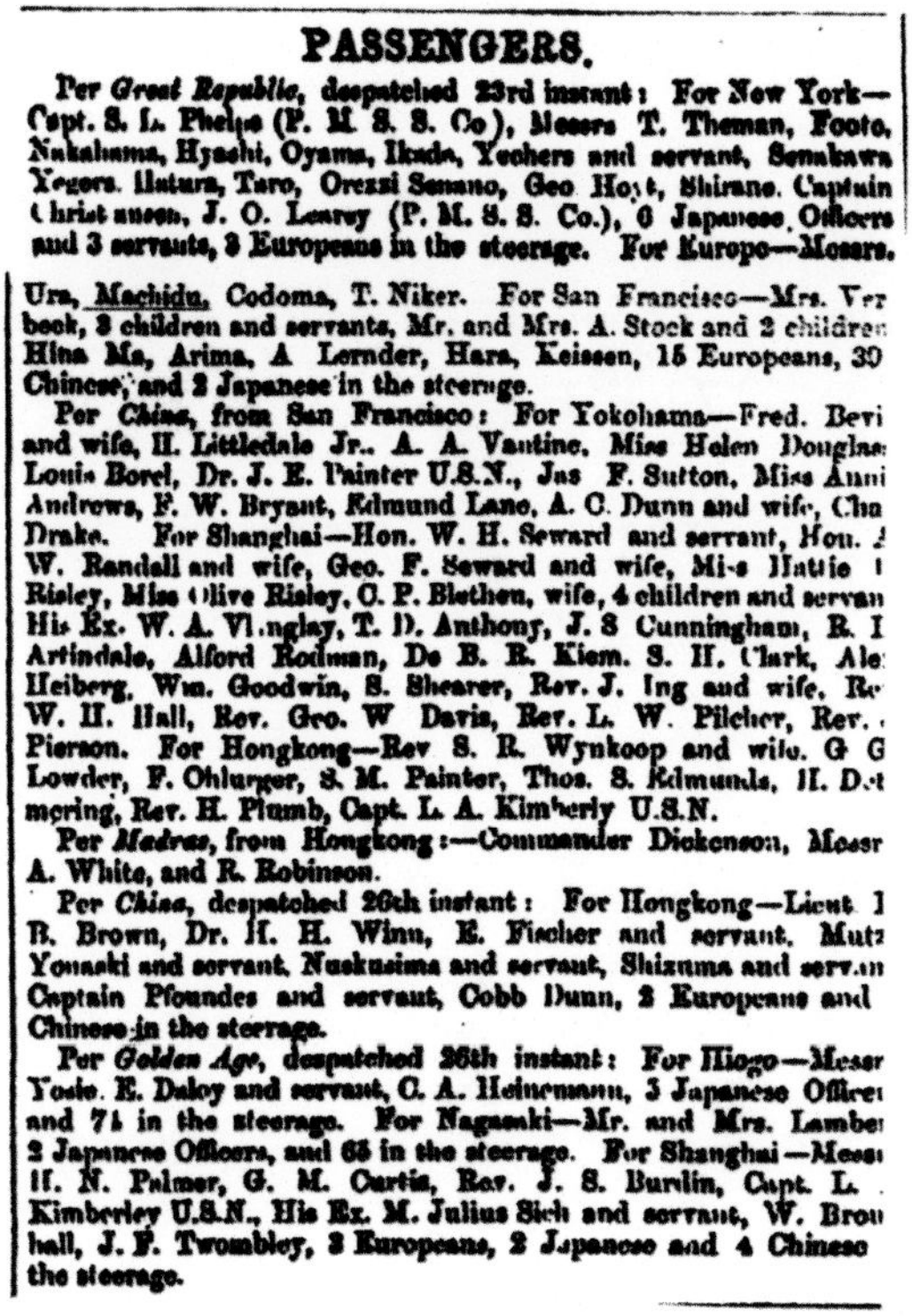

PASSENGERS.

Per *Great Republic*, despatched 23rd instant: For New York—Capt. S. L. Phelps (P. M. S. S. Co), Messrs T. Theman, Footo, Nakahama, Hyashi, Oyama, Ikado, Yechers and servant, Senakawa Yegers. Hatura, Taro, Orezzi Senano, Geo Host, Shirane. Captain Christ ansen, J. O. Leavey (P. M. S. S. Co.), 6 Japanese Officers and 3 servants, 3 Europeans in the steerage. For Europe—Messrs. Ura, Machida, Codoma, T. Niker. For San Francisco—Mrs. Ver beek, 3 children and servants, Mr. and Mrs. A. Stock and 2 childre Hina Ma, Arima, A Lernder, Hara, Keissen, 15 Europeans, 30 Chinese, and 2 Japanese in the steerage.

Per *China*, from San Francisco: For Yokohama—Fred. Bevi and wife, H. Littledale Jr., A. A. Vantine, Miss Helen Douglas Louis Borel, Dr. J. E. Painter U.S.N., Jas F. Sutton, Miss Anni Andrews, F. W. Bryant, Edmund Lane, A. C. Dunn and wife, Cha Drake. For Shanghai—Hon. W. H. Seward and servant, Hon. W. Randall and wife, Geo. F. Seward and wife, Miss Hattie Risley, Miss Olive Risley, C. P. Blethen, wife, 4 children and servan His Ex. W. A. Vlangley, T. D. Anthony, J. S Cunningham, R. I Artindale, Alford Rodman, De B. R. Kiem. S. H. Clark, Ale Heiberg, Wm. Goodwin, S. Shearer, Rev. J. Ing and wife, Re W. H. Hall, Rev. Geo. W Davis, Rev. L. W. Pilcher, Rev. Pierson. For Hongkong—Rev S. R. Wynkoop and wife. G G Lowder, F. Ohlurger, S. M. Painter, Thos. S. Edmunds, H. Det mering, Rev. H. Plumb, Capt. L. A. Kimberly U.S.N.

Per *Madras*, from Hongkong:—Commander Dickenson, Messr A. White, and R. Robinson.

Per *China*, despatched 26th instant: For Hongkong—Lieut. B. Brown, Dr. H. H. Winn, E. Fischer and servant, Mutz Yonaski and servant, Nuskusima and servant, Shizuma and servan Captain Pfoundes and servant, Cobb Dunn, 2 Europeans and Chinese in the steerage.

Per *Golden Age*, despatched 26th instant: For Hiogo—Messr Yosie. E. Daloy and servant, C. A. Heinemann, 3 Japanese Officer and 71 in the steerage. For Nagasaki—Mr. and Mrs. Lamber 2 Japanese Officers, and 65 in the steerage. For Shanghai—Mess H. N. Palmer, G. M. Curtis, Rev. J. S. Burlin, Capt. L. Kimberley U.S.N., His Ex. M. Julius Sich and servant, W. Brou hall, J. F. Twombley, 3 Europeans, 2 Japanese and 4 Chinese the steerage.

右新聞記事下側の拡大図（８行目に「machida」の名前がある）

THE
JAPAN WEEKLY MAIL,
A POLITICAL, COMMERCIAL, AND LITERARY JOUR
VOL. I—No. 37.] YOKOHAMA, SATURDAY, OCTOBER 1, 1870. [PRICE $24 PER

MISCELLANEOUS.

GABRIEL'S PREPARATIONS FOR THE TEETH.
MESSRS GABRIEL. Dentists. LUDGATE HILL, LONDON.
Sold by Chemists, Perfumers, and Storekeepers throughout the World
With Directions for Personal Use.

MISCELLANEOUS.

THE REPORTS & RETU
FOREIGN TRADE OF 1869,
At the open Ports of Japan, together with Summary of the Trade, and a Report on the System of Osaka have been this day publis in a convenient form and may be had on ap the Japan Mail Office.
Price, Three Dollars.
Yokohama, 9th July, 1870.

Silk Shippers.

この船上の話もまたフィクションである。

しかし、万次郎と啓次郎たちが同じ船に乗っていたことは、当時の新聞や林有造らが書き残した資料によって証明されている。

乗船名簿には、普仏戦争視察団の通訳として乗船していた中浜万次郎を始め、桂太郎、大山巌、品川弥二郎などのメンバーとともに啓次郎たちの名前も記載されている。

乗客名簿の三行目に中浜、林、大山などの名前があり、七行目に町田と記録されている。

啓次郎の前に書かれているuraは、おそらく三浦十郎のuraだろう「machida」、「kodama（児玉章吉）」の名前が記されている（上図）。

また留学に関しては、本人を証明する本管勘合帳が番号付きで残っており、これがパスポートの基になった。

啓次郎は第百二十号の登録で、渡航先はなぜか「英国」となっている。

本管勘合帳

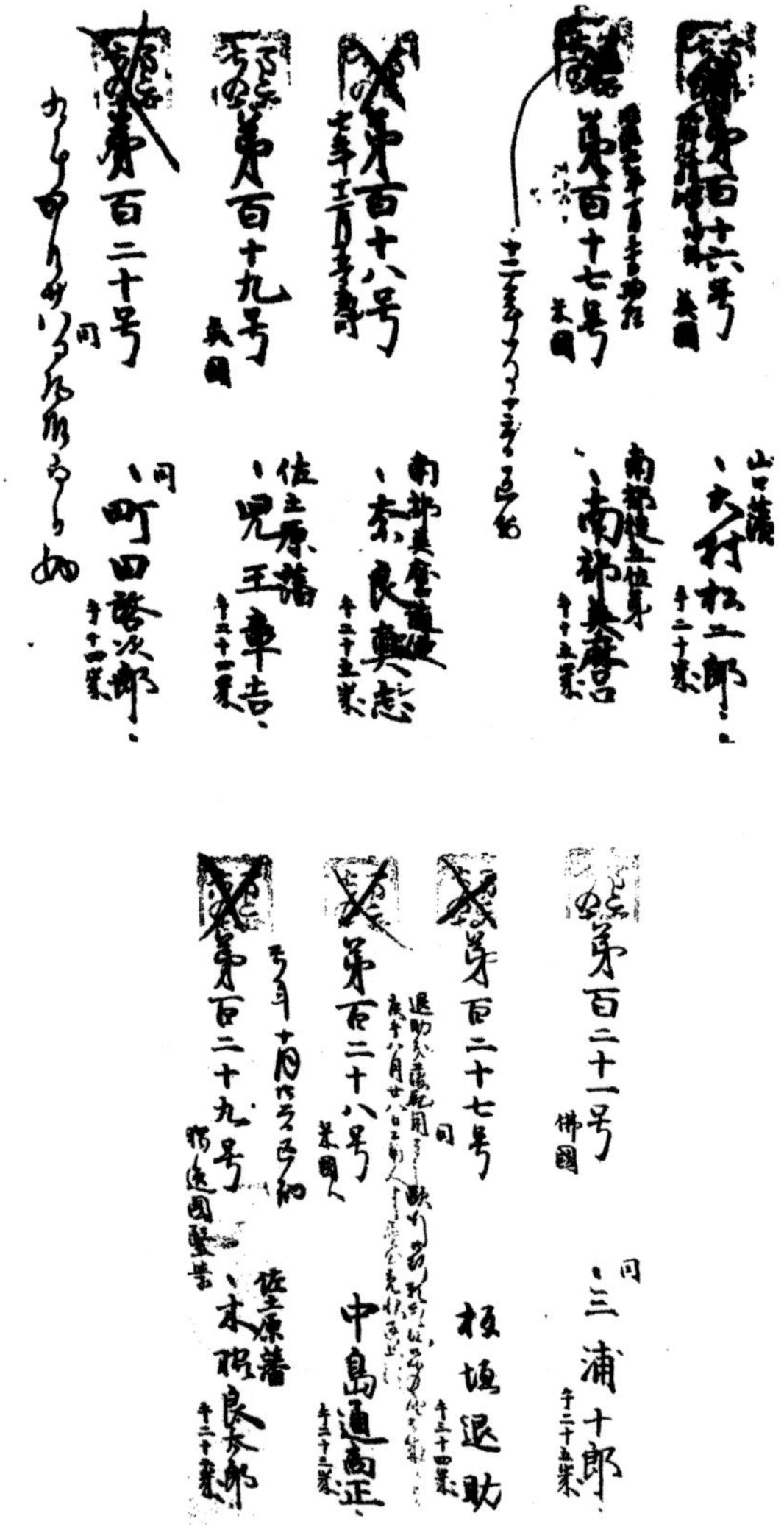

〈林有造の記録（林翁渡仏日記）〉

林有造は土佐藩宿毛の出身で、「グレイト・リ・パブリック号」に乗り合わせた二十七名の日本人の名前と、太平洋横断、アメリカ大陸横断の時の様子を克明に記録している。

彼の記録によると、啓次郎は「砂次郎」、また三浦十郎は「拾一郎」と書かれている。船旅は「二十五日」で、横断の旅は「七日」でニューヨークに着いている。乗り合わせた長州藩の桂太郎の書簡も残されている。

林翁渡仏日記

明治庚午七月の頃欧州普仏戦闘の聞え有り。官八月十五日を以って薩藩大山弥介、肥藩池田弥一、長藩品川弥二郎、余藩板垣、中浜の五氏に命して戦地を実検せしむ。余同年二月板垣氏に従ひ東京にあるや八月十八日板垣氏に随従するの藩命を得たり。時に板垣氏故ありて洋行する能はず。終に朝命を辞せり。余同月二十七日板垣氏に辞するの朝命を得。同日午後第三字鍛橋邸を発す洋行の記。

八月廿七日　（洋暦千八百七十年）九月第廿二日

一、曇、三字鍛橋邸を発す。福留、吉永両氏送り来る。馬車厩にて別を告げ否僕の幸吉を携馬車に駕し、四字半川崎に達す。尊翁余と横浜に同行を欲す。時余頗る遅刻。故に尊翁朝九字邸を発し川崎に待を約せり。川崎に至るや尊翁新田屋に休息す。余新田屋の二階に登り飯を喫し否馬を替、川崎を発し晩六時横浜に着し、本町五丁目高知屋に至り中浜氏を尋。中浜氏在らず。普国公使の邸に至る。諸否公使の邸を尋問する事遣書せり。即時公使の邸に至る。洋行の面々集合別盃を挙ぐる処に至り共々に盃を挙ぐ。公使の厚情を謝し十字一同公使の邸を出で、明日三字乗船するを約し、中浜氏同行高知屋に帰る。翁、僕幸吉、余三名階上同蚊屋中に宿す。

同月廿八日　九月廿三日

一、雨、朝八字横浜五十二番呉服店に至り、註文の洋服一切を請取り、又英国の為替屋に至り悉く英国のパオーントの手形となす。十二字高知屋に帰り別盃を挙げ、三字尊翁に別を告げ高知屋を出足し、否乗船（即ち船名グレイダリッパブレ）六字錨を上げ東向きに発港せり。喫飯。

同月廿九日　昨晩四字より今午まで行程百六十里（英里）　九月廿四日

一、晴、八字ドラを鳴らし朝飯の用意なるを示す。九時又ドラを鳴らし食事を報ず。否食事に出てテーブル（即ち食事の台なり）に向う。上中の等級を別てり。十二字半又ドラを鳴らし午食を報じ、一字又ドラを鳴し午飯す。四字半又ドラを鳴し夕飯を報じ、五字報を得て前の如く八字ドラを鳴す。否茶を喫す。一日茶を合して四度、夕飯食事中第一とす。船中日本人夥し。姓名をとい人名左に記す。

花島宮　南部英麿（宮随従にして則ち南部公の弟なり）　五十川基　（福山藩）
奈良真志（即ち英麿の随従なり）　土倉直彦　（岡山藩）
高戸賞志（仝　上）　井上清夫　（宮御内）
栃本直次郎（福井藩）　以上宮随従
藤森圭一郎（仝　上）　児玉章吉　（砂次郎随従）
町田砂次郎（佐土原公第三子なり）　木脇良太郎（仝　上）
三浦拾一郎（佐土原藩）　午島精一　（菊間藩）
山口辰次郎（東京の人）
白峰駿馬　（東長岡藩）　有馬治兵衛（鹿児島藩）
湯治治右衛門（仝　上）　本間文書少佑（生国遠州の人）
桂　太郎　（長　藩）

其の他普仏戦地行七名、左に記す。

大山弥介、品川弥二郎、有地品之允、池田弥一、松村文亮、中浜万次郎、余となり。

合計　二十七人

九月一日　昨午より今午迄行程二百六里　九月廿五日

一、晴、波平四面茫々夜中小雨。

同月二日　昨午より今午迄行程二百二十六里　同月廿六日

一、晴、終日離続。

同月三日　昨午より今午迄行程二百六里　同月廿七日

一、晴、晩五字北風起り船聊動揺す。

同月四日　昨午より今午迄行程百九十六里　同月廿八日

一、晴、

同月五日　昨午より今午迄行程百八十六里　同月廿九日

一、晴、

同月六日　昨午より今午迄行程百九十七里　同月三十日

一、晴

同月七日　昨午より今午迄　行程百九十里　十月第一日

一、朝晴、後南風起り後雨あり。

同月八日　昨午より今午迄　行程二百五里　十月二日

一、朝雨止み北風大いに起り船動揺、たま〳〵波甲板に至る。今日即ち日曜日にて午前卓上に経文を備へ鐘を鳴す。直ちに船将より便借りの婦女子供に至るまで、卓を繞り経巻を取り、船将経文を唱すれば、諸人次で唱之暫時にして止む。

同月九日　昨午より今午迄　行程二百里　同月三日

一、朝晴、北風烈し、動揺甚し。

同月十日　昨午より今午迄　行程二百十五里　同月三日

一、晩より南風に変り動揺す。同じ晩に至り風頗る烈し。船転動、食事卓上に備る食品倒る有り、或ひは腰床に伏して共に転倒するも有り、卓上ガラスの落ち破壊に至るもあり、実に混雑甚し。而し余始め一同十余日の慣にて嘔吐に至る者なし。夜に至転倒依然。今日英国倫敦を原に立てた百八十度越え西経に入る。故に日を延して再度三日を記す。又日本の日延して重て記す者あれ共、余の太平洋なり。夜に至り甲板上に満月賞す。

同月十八日　昨午より今午迄　行程二百二十七里　同月十一日

一、晴、波平にて平地の如し。乗船後第一の快日なり。

同月十九日　昨午より今午迄　行程二百三十二里　同月十二日

一、曇、東風漸々波平。数千の鯆船側に来る。

同月廿日　昨午より今午迄　行程二百三十里　同月十三日

一、曇、東風不変、晩小雨。夜に至り波又起り舟動揺。

同月廿一日　昨日より今午まで　行程百八十里　同月十四日

一、朝晴、東風烈、波濤頗る大。甲板上に至。許多船中混雑、卓上器多転倒。乗船以来の風波なり。晩雨。

同月廿二日　昨午より今午迄　行程百八十里　同月十五日

一、晴、東風止ず。波頗盛、動揺昨日の如し。故に舟進む事甚だ遅し。晩に至り風波益々盛なり。

同月廿三日　同月十六日

一、晴、東風緩、波平。朝七字甲板上に至る。髣髴として東方に山を見る。是サンフランセスコ前の島なり。横浜発港の後船東に向い船頭を変ぜず。日数二十五日、行程四千八百二十里余（日本二千四百二十里余に当る。）航海中今日に至る迄山、島、舟等を見ず。只鳥、鯆のみ。八字船頭を変換し東北の間に向う。九字島の側に至る。南は茫々たる海にして東北に山在之、米国なり。十二字、十丁余の山間を過、南に一ケ所の砲台あり。北に小島あり、是砲台。第一字サンフランセスコ港に入る。船檣林立、東北茫々たる入海なり。二字上陸、荷物を改む。否馬車に駕しリカハウスホテルに至りルーム（部屋）に入る。屋六階にして部屋毎にガス燈、水を取る其自由不可言、六字喫飯、食事の甘美至れり。数点のガス燈屋中に照し実に日昼に増れり。七字、市街に出て徊見市街。数百の馬車労午如織、両側ガス燈道を照し其の盛不可記。八字旅舎に帰り九字床に入る。夜中馬車の声不断。

九月廿四日　十月十七日

一、快晴、八字喫飯。午後馬車に駕し薩藩湯地氏嚮導にて花園に至り、若干の禽獣を一見、又馬車に乗り羅紗製造所に至る。頗浩大。有織有伸有巻、一切一局と為す。其の自由眼を驚かす。側にフランケットの製造之亦浩大。職人の器を司る者は男にして、余に至りては女あり、支那人あり。七字、馬車に駕し旅寓に帰る。

同九月廿五日　同月十八日

記者日本を原に立て百八十度に至り一日延し記之。

九月十一日　昨午より今日迄　行程二百十五里　十月四日

一、晴、晩に至り風北に変し波益々甚し。晩に至り動揺昨日の如し。

同月十二日　昨午より今日迄　行程百九十八里　同月五日

一、晴、北風稍々緩にして波濤又収り、始めて甲板上に至るを得たり。

同月十三日　昨午より今午迄　行程二百十二里　同月六日

一、晴、波平四面水天、横浜港より千五百里計り南にサンドイツ有りと云う。海程二百余里像を見ず。

同月十四日　昨午より今午迄　行程二百二十三里　同月七日

一、晴、

同月十五日　昨午より今午迄　行程二百十里　同月八日

一、朝晴、晩より東風起り波又甚し、船動揺。晩雨。

同月十六日　昨午より今午迄　行程百四十一里　同月九日

一、朝晴、東風変ぜず舟進む頗る緩し。動揺依然。今日日曜日、八日の如し。晩雨。

同月十七日　昨午より今午迄　行程百四十一里　同月十日

一、晴、風緩くして波平四面数百里茫々たる水天、実に

一、晴、十字、花鳥宮に同行し砲台を一見。馬車に駕し五里(英里)余にして海岸に至る。先ず陣営に入り士官に面会し、後砲台の処に至る。砲台練火石製にして四階砲を備る。百五十門余砲の製悉く鉄にして先込、目方百ポンドより百五十ポンドに至る。皆古製にして新発明の砲無し。再度馬車に駕し陣営に帰る。宮の行を以って音楽を奏し、帰路祝砲を発し野戦砲の練兵あり。一同馬車を下り練兵を見る。野砲十二門後車をそへ、砲毎に砲手六名皆馬に乗り砲を馬にて引き、発砲の時は下りて発。進退能く調へり。七字、帰寓。明朝当地にて諸結。八字喫飯。此の時宮より別杯且今日遠所を労として酒を賜る。

九月廿六日　十月十九日

一、晴、晩起き六時喫飯。七字、同行十六名馬車に駕し、渡しの蒸気船場に至。於此処荷物の掛目改め直に蒸気船に乗り、一里計りにして火輪車の処に至る。此の処海中に橋をかけ鉄道を鋪き築き、出事一里計り、八字、火輪車に移り、十分にして発。迅速なる事蒸汽船に倍す。東に向ひ十時セクレマンの都を過ぎ山間に入る。漸次山に登る。谷有り。上に橋を造り鉄道を鋪き、山有りて之を穿つ。

一、晴、早晩火輪車変換の令を下せり。否結束、ヲセンに止り車を換ふ。十分字間に喫飯し直ちに発車。此の地を一見する能はず。此の地人煙輻輳の処と云ひ、南に茫々大海あり。山上にして潮なりと。又可怪。サンフランセスコよりヲセン迄は八百八十二里、山上にして平坦なる数十里、悉く不毛の地なり。ワサチに午飯、ワカンに晩飯。七字に床に入る。夜半頗る寒し。

同月二十九日　同月廿二日

一、晴、早起。四面眺望数十の曠平地に横行。八字、ラメシティス(人煙八十九軒)飯す。サンフランセスコよりこの地点まで千三百四十一里、止る事二十分。十字、サンフランセスコより紐育まで通行第一の山上に至る。高き事七千百七十尺。左右の岩石頗る奇。松樹岩石の間にありて景況甚だよし。偶雪有り、高を知る。此より紐育まで漸々下りなりと。十二字チヤネ(人煙四百軒人口三千計り)に至。此の地漸く開拓の勢にて、鉄道数十を通し且鉄道製造所あり。三字、ベネタに至る。陣営有り。頗る廉。テントを張り屯する者有り。人員三百計り出張。是土人乱暴に備えるなり。平原騎者五十人計りを見る。此の地出張の騎兵に

両側電信機数十実に盛なり。行く事一字間にして、止る事三分にして発す。然し朝昼晩食事には止る事殆んど三十分、六字喫飯す。蒸汽車形、長十間巾八尺計り、一間毎に隔ありて並びの腰掛あり。両方より向ひ合ひ中を通路とす。故に一間四人を入る。客に上下の等級有り。下等は寝床なし。上等は腰掛の所且一段上に、両所の棚を組上げ、上に二人、下に二人なり。寝床の作り頗る丁寧。七字、床に入る。夜中頗る寒し。

九月廿七日　十月廿日

一、晴、七字床を出てハンボロクに喫飯。氷有り。始て山上に有を覚ゆ。サンフランセスコよりハンボロク迄四百余里(英里)。セリマン都を過る後、此地迄人煙輻輳の地無し。二十里計り毎に喫飯の調店有り。ハンボロクは其の一也。山々草木稀、土人偶樹間に住居す。土人の形我国乞児の如く顔に赤粉をぬり、頗る敝衣、実に可憐。午飯せず五字エルコンに晩飯す。エルコン旅店五、六軒。サンフランセスコよりこの地点迄六百里(英里)。七字床に入る。

九月廿八日　十月廿一日

して今練兵と云う。六字シツネンに喫飯す。

九月晦日　十月廿三日

一、晴、早晩喫飯の布令。直に床を出て、七字、ダランダアイラントに朝飯す。サンフランセスコよりこの地点迄一千七百七十五里。両側に大川あり、フラツメと云う。殆んど二千里経過するの地悉く不毛、此の地始て許多の黍作あり。十一字、スリマホンにて午飯。三字、ヲマハ(人煙二千軒計り人口二万)に至る。川有、メシコンと云う。川蒸汽船に移り川を渡り、車を又変換す。五時車中晩食す。

十月朔日　同月廿四日

一、晴、シエダラピツに朝飯す。ヲマハより此の地点一円地肥饒、草木青々たり。九字メセセッペ川を渡る。三百間余の橋を掛け、上に鉄道を鋪く。頗る堅固なり。川の両岸高屋櫛比甚盛なり。デキシオンに午飯。四字チカゴ(人煙サンフランセスコに次ぎ紐育以西第一の繁華地なりと云う)着す。余等世界第一と唱るナイヤガラの滝を一覧せんと欲し直に行く時は、夜中、ナイヤガラ通行の火輪に遇と。故此地プリイキハウスに泊す。側に湖有り。レイカメシカアンと云う。頗大湖なり。蒸汽船、帆船等多し。市街に廻り橋有り。長さ四十間余

にして巾五間計り。蒸気船等通行の時、橋上に一人有り。橋を廻し経過の後又廻し、馬車など通行す。実に妙なり。六字、喫飯。

同月二日　十月二十五日

一、朝曇、早起。七字喫飯。十一字ブリイキハウスを発し十二字午飯す。火輪車中大湖（レイカメシカアン）を左に見。風景尤好し。六字喫飯、直ちにナイヤガラ行きの火輪車に移る。此の時肥前両人車に入るを誤れり。余輩十余人車中に談し、寝に就かんとするや、床に余あり。終に穿鑿するに肥の両人居らず。然るに三、四時を経れば里程百里に至る。如何ともするなし。直ちに車を変換せしステイションに、伝信機を以て直に紐育に可達と通ず。九字床に入る。八字雨。

十月三日　十月二十六日

一、晴、早起。七字、バフローに至り又ナイヤガラの火輪車に変ず。馬車に乗り、五丁計りにしてホテルに入り朝食。火輪車を待って九字火輪に乗りバフローを発す。四十分にしてナイヤガラステイションに着す。シベンシヤハウスに入り、後馬車に駕し有名の滝を一覧す。始め釣橋（長六十間計り巾二間余其の美観不可記）を過、橋守有り。人馬通行の料を払う（一人につき五十セント）。橋を渡れば即ちカナダ。行く事五、六丁滝の側に茶店有り。五階、先ず楼に登る。南西の滝を見る。則高名なるナイヤガラの滝、メリケンの滝なり。滝の広さ四丁計り、メリケンの滝亦同じ、高き事六十間余。是数百里外に一覧せし大湖レイカメシカアンより流れて滝となる。楼上の景実によし。暫時して楼を下り滝下に至る。水散々雨の如く巾六十間外に至る。この景況又宜し。再度茶店に入り写真等を求め、再び釣橋に帰る。又滝上に至る橋有り。鉄橋又橋守有り。釣橋の所の如し。滝上に至れば茫々たる大湖、其の景況不可筆。実に目を驚すにたる。十一字シベンシヤハウスに帰る。午飯十二字。又蒸気車に乗りナイヤガラを発す。車中滝を左に見る。是も亦絶景なり。晩、サセシタに食す。

十月四日　同月廿七日

一、晴、七字床を出で紐育に近接す。右に海を見。蒸気船、帆船縦横、風景甚好し。九字紐育に着す。（サンフランセスコより紐育まで行程三千二百里日本の千六百里に当る）直に車に駕してセントニコラシハ啓次郎のアメリカ留学は、勝海舟と父・忠寛公との間で進められたものだった。

忠寛公は、十二歳になっていた啓次郎を佐土原から東京に呼び寄せたあと、『海舟日記』によると、一八六九年（明治二年）七月二十二日に勝を訪ね、啓次郎の私塾入門を依頼している。

東京に到着した啓次郎は、忠寛公が訪ねた一週間後の七月二十八日に曽小川彦千代《そおかわひこちよ》とともに勝を訪ねている。

勝の塾に入った啓次郎は勉強に励んだ。と同時に、次のようないたずらなどをしたことが記録に残されている。

「海舟の大事にしている馬を乗り回したり、庭にある老木を相手に、真剣で切りつけたりして憂さを晴らすことがあった。江戸に来ても母に会うこともできないつらさもあり、いらだちを抑えきれないこともあった」と書かれている。（『宮崎県政外史』『佐土原町史』より）

勝は、気性の激しさはあるが機転の利く抜群な頭の良さと、粗削りなその風貌と気迫に、維新の志士として活躍した坂本龍馬をダブらせていたと思われる。

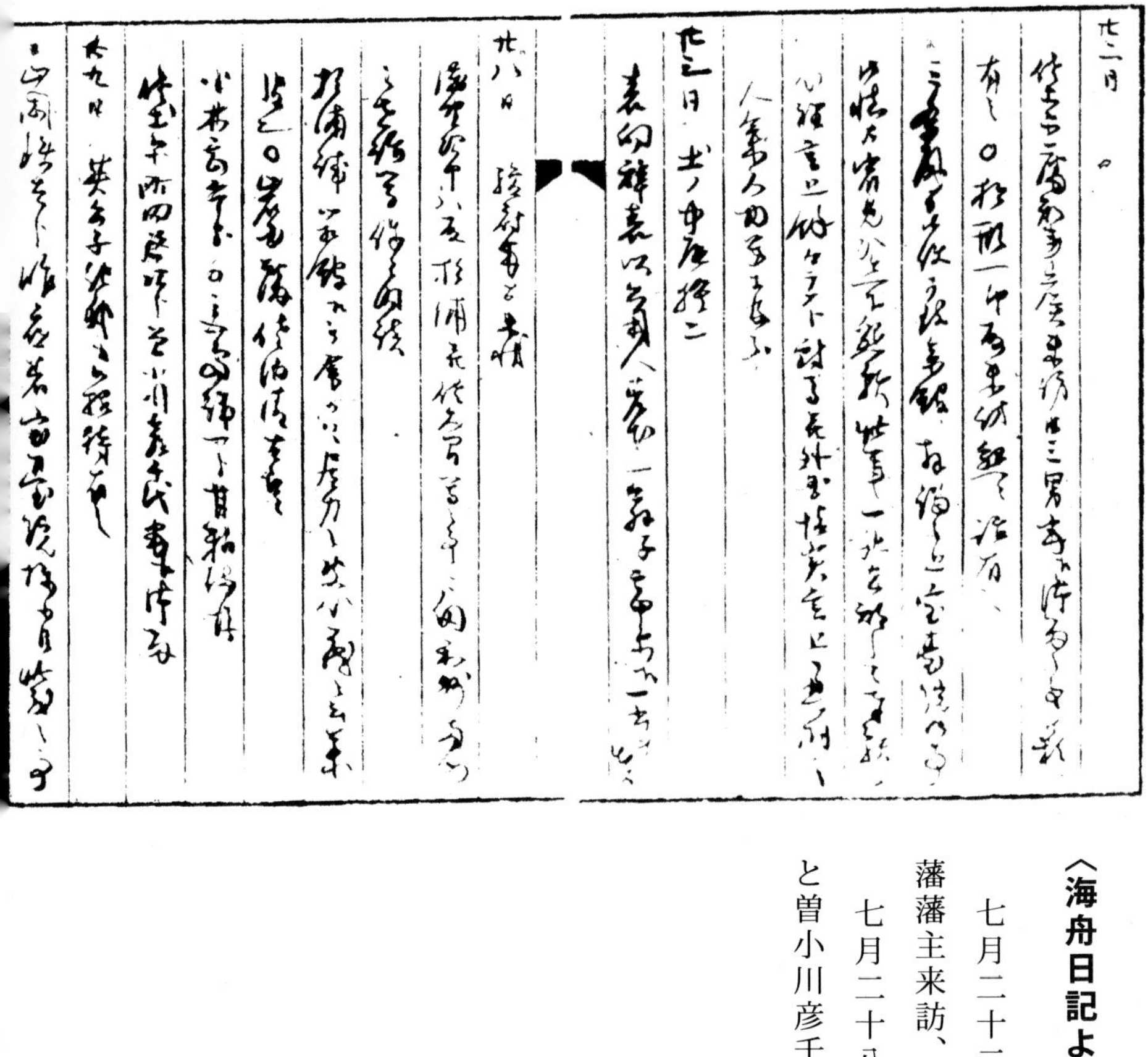

〈海舟日記より〉

七月二十二日　一行目に「佐土原藩藩主来訪、三男坊の入塾依頼」

七月二十八日　七行目に「啓次郎と曽小川彦千代の来訪」

〈『海舟座談』（先生の坐臥平生　森田米子）〉

町田啓次郎さんと、今一人お預かりしていました。私は、御一緒に何もかもいたしました。

町田さんは、洋行なすって、お帰りになると、十年の騒ぎ（西南戦争）でした。それで、ちょいと国へ帰るとおっしゃるので、うまくいかないとまたお目にかからんかもしれませんということでした。

ただ今はお国が騒ぎじゃありませんかと、言いましたら、へへっと笑って、お出でした。

その後お兄さんがお出になって、どうもその死骸がわからんということでした。よく騒ぐ方でしたが、わかった方でした。今一人の方は、おとなしい方でしたがこれということも無いようでした。

町田さんは私より二つ三つ下と思いましたが、それはイタズラで、私の母が、お引き受けでしたが、しばしば真剣での試合ですから、ある時などはもうちょっと遅ければ仕方がないという場合でした。

それで、夜中でも、ちょっと音がしても目が覚めるという風でした。今一人の○○さんなどは、二声三声呼んでも、起きやしないと言ってよくお叱られでした。

この「○○さん」とは、「今一人お預かりしていた」と語っている人物、つまり啓次郎と一緒に海舟塾に入塾した曽小川彦千代のことだろう。

この内容は、『海舟座談』巌本善治（教育者兼ジャーナリスト）が晩年の勝海舟から聞き書きした話をまとめている。巌本は、いわゆる速記ではなく勝の談話をおそらくメモも取らずに記憶し、印象に残ったものを家に帰ってから文章にしていたようだ。森田米子の話も、巌本が勝邸を訪問した時に聞き取り、後で文章にしたので曽小川彦千代の名前を失念したのかもしれない。

『海舟座談』に残されている森田米子の話には、少しつじつまの合わないところがある。啓次郎の帰国は一八七六年（明治九年）で、西南戦争が勃発したのはその翌年の一八七七年（明治十年）のことである。

森田米子は「洋行なすってお帰りになると十年の騒ぎ（西南戦争）でした」と言っている。啓次郎がアメリカから帰ってきたのが一八七七年（明治十年）なら森田米子の話はつじつまが合うのだが。おそらく森田米子がのちに語った内容であったために、記憶が曖昧になっていたのだろう。

ただ、啓次郎の気性の激しさ、「少しの音にも目を覚ます」という武士としての心得など、幼少期の啓次郎の性格についても語られている貴重な証言である。

１８６９年（明治２）、啓次郎（12 歳）が江戸に滞在していた時に撮影された（向かって右から啓次郎、伊集院鎮之助、渋谷久陳）

「啓次郎様、陸が見えます。あれがアメリカ大陸です。サンフランシスコです。長い旅でしたね」

中浜万次郎がはるか遠くに見える陸地を指さし、甲板にいた啓次郎と三人の藩士に話しかけた。一ヶ月近くの長旅だった。

「啓次郎様、ここからオークランドというところに移動し、そこから『スチーム・ロコモーチブ』でニューヨークまで行きます。途中でナイアガラの滝というとてつもなく大きな滝があります。これをぜひ見学しましょう」


船には普仏戦争視察団も同乗していた。彼らは、通訳の一人として使節団に参加する大原令之助（吉原重俊　薩摩藩士）と落ち合うため、下船後ニューヨークに向かうとのことだった。

エール大学のグアンネームの屋敷に滞在しているということで、啓次郎たちも、サンフランシスコに到着後も、中浜万次郎たち普仏戦争視察団の一行と同行することになった。サンフランシスコから対岸のオークランドに移動し、大陸横断鉄道でシカゴへと向かうことになる。

「スチーム・ロコモーチブ」とは蒸気機関車のことである。中浜万次郎（のちのジョン万次郎）が「スチーム・ロコモーチブ」と言ったかどうかは定かではないが、林有造は「火輪車」と紹介している。
　こうして啓次郎たちは、サンフランシスコの対岸のオークランドに船で渡り、ロングワーフから蒸気機関車に乗り、大陸横断鉄道に乗った。

オークランドのロングワーフ（1870年頃）

akland Long Wharf (in distance) as seen from Nob Hill, San Francisco, 1875.

「啓次郎様、これが蒸気機関車です。石炭を焚いて蒸気で車輪を回して動くのですよ」

万次郎がそう言うと、啓次郎は初めて乗る蒸気機関車に大きく目を見開いた。大勢の旅客を乗せ、馬よりも速く走り抜けていくその力強さに圧倒された。そして、果てしなくどこまでも続く、広大なアメリカ大陸にも大きな衝撃を受けた。見るもの全てが驚きの連続だった。

すでに前年から留学している兄たち四人も、これに乗り大陸を横断したのだろう。きっと兄たちも、我々と同じように驚きの連続だったに違いない、啓次郎はそう思った。

啓次郎は、これから始まるアメリカの生活に、自然に胸を高鳴らせていた。

「啓次郎様、船に中国人が乗っていましたが、彼らの多くはアメリカの鉄道工事のために集められた人たちでしょう。貧しい国から出稼ぎに来たのです。アメリカ政府は、鉄道を敷き東西南北を結び、人の往来といろいろな物資の流通に利用しようと考えています」

「中浜様、中浜様が住んでいたフェアヘーブンという町はボストンからどのくらいの距離にあるのですか？　私も一度訪ねてみたいと思います」

「ボストンに行く機会があるときは、フェアヘーブンまでぜひ足を伸ばしてみてください。ボストンからはおよそ百キロほど南にある港町です」

万次郎の説明を聞きながら、啓次郎は「アメリカとはどんな国なのだろう」と、ますます興味を募らせた。

アメリカでは、一八四〇年代にはすでにある程度の鉄道網が張り巡らされ、あとは大陸横断鉄道の開通を残すのみとなっていた。

一八六五年に南北戦争が北部の勝利で終わると、工業中心の国造りを目指すようになり、一八六〇年代後半には本格的な産業革命を展開させていく。サンフランシスコ・シカゴ間をはじめ、残されていた大陸横断鉄道の工事が始められていった。

当時、大陸横断鉄道は、シカゴからミズーリ川を越えてネブラスカ州のオマハまで到達していた。オマハからさらに西向きに、西海岸からは東向きに建設が進められ、一八六九年にはオマハからオークランドまでの区間が完成した。大陸横断鉄道が完成すると産業革命はピークを迎えていった。

一八七〇年当時の大陸横断鉄道のパンフレットを見ると、サンフランシスコからニューヨークまで六日と二十時間を要すると書かれている。

万次郎たち普仏戦争視察団は、途中ナイアガラの滝を見物している。これに同行した啓次郎たちもナイアガラの滝を見物し、その後ニューブランズウィックにあるラトガース大学に向かったことだろう。

スミソニアン博物館の資料

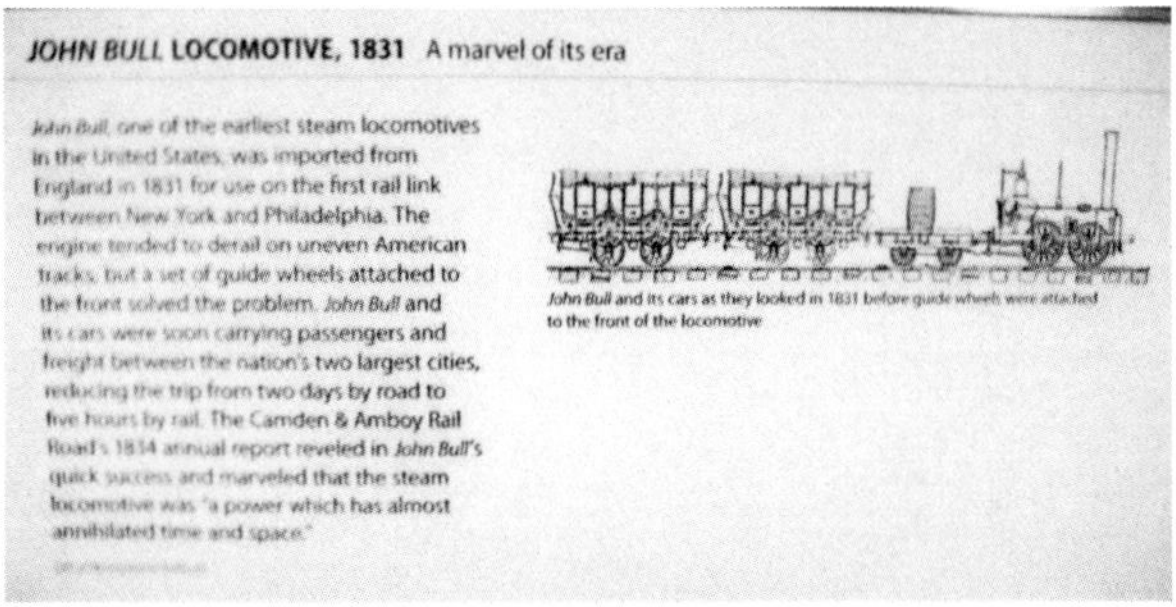
JOHN BULL LOCOMOTIVE, 1831 A marvel of its era
John Bull, one of the earliest steam locomotives in the United States, was imported from England in 1831 for use on the first rail link between New York and Philadelphia. The engine tended to derail on uneven American tracks, but a set of guide wheels attached to the front solved the problem. John Bull and its cars were soon carrying passengers and freight between the nation's two largest cities, reducing the trip from two days by road to five hours by rail. The Camden & Amboy Rail Road's 1834 annual report reveled in John Bull's quick success and marveled that the steam locomotive was "a power which has almost annihilated time and space."
John Bull and its cars as they looked in 1831 before guide wheels were attached to the front of the locomotive

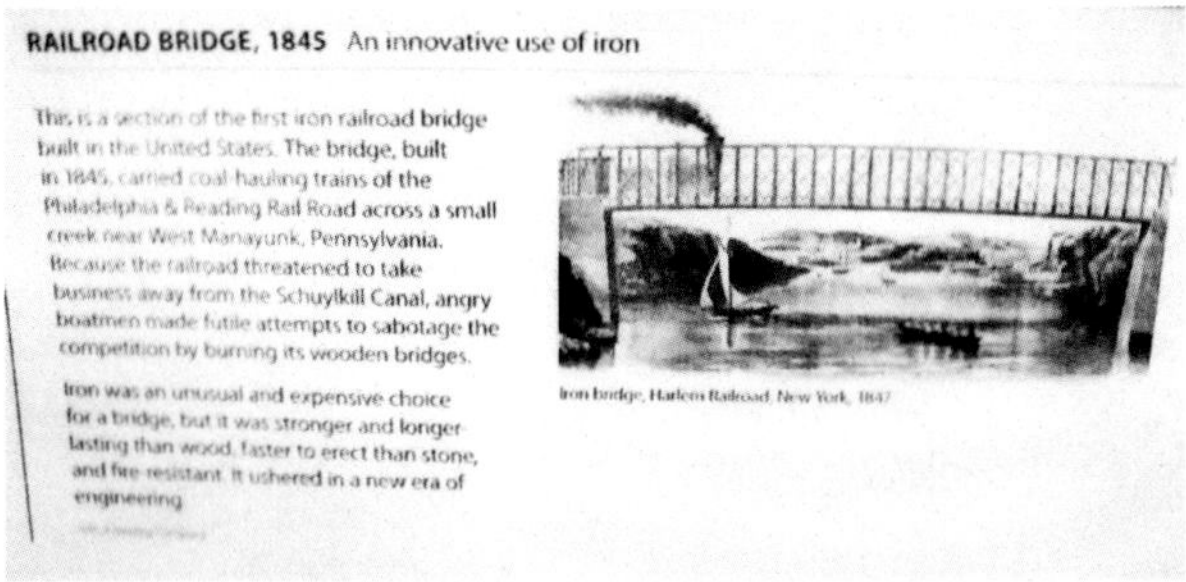
RAILROAD BRIDGE, 1845 An innovative use of iron
This is a section of the first iron railroad bridge built in the United States. The bridge, built in 1845, carried coal-hauling trains of the Philadelphia & Reading Rail Road across a small creek near West Manayunk, Pennsylvania. Because the railroad threatened to take business away from the Schuylkill Canal, angry boatmen made futile attempts to sabotage the competition by burning its wooden bridges.
Iron was an unusual and expensive choice for a bridge, but it was stronger and longer-lasting than wood, faster to erect than stone, and fire-resistant. It ushered in a new era of engineering.
Iron bridge, Harlem Railroad, New York, 1847

林有造の渡仏日記（P37ページ）にある大陸横断鉄道の駅名を時刻表と合わせてみた。カタカナで表記されているので理解しにくいが、いくつか判別できる部分もある。

横断鉄道のパンフレット

時刻表と停車駅名

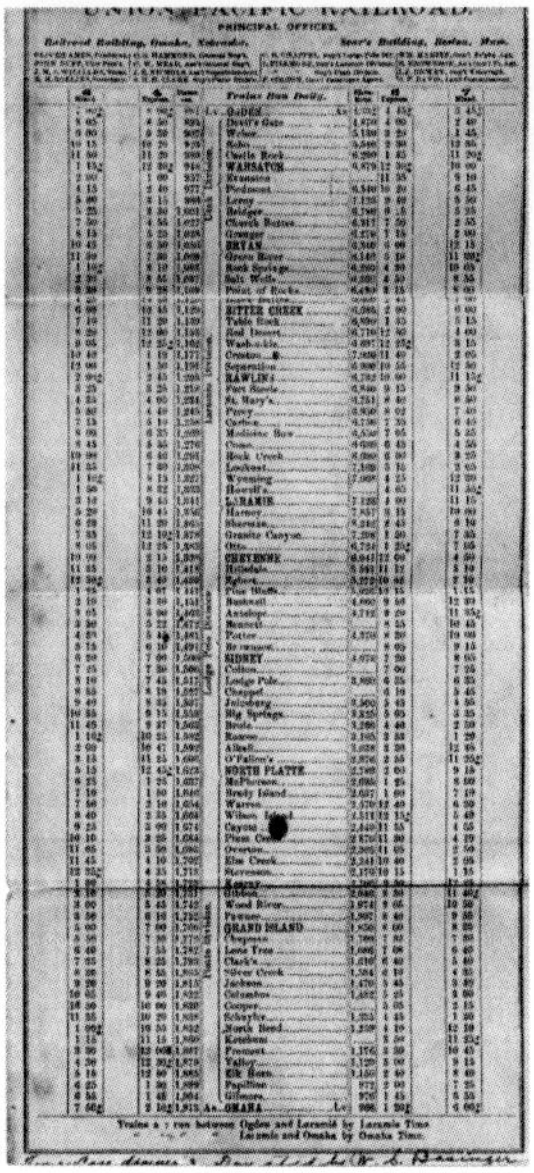

「ダランダアイランド」は「grand island」、「ヲマハ」は「Omaha」、「メセセッペ川」は「Mississippi river」、「チカゴ」は「chicago」、「レイカメシカアン」は「michigan 湖」。さらにナイアガラの滝、バファローなどの記載があるので、バファローからニューヨークに向かってアメリカ東海岸を南下していったことがわかる。

当時の横断鉄道のルートは、現在のアメリカ大陸横断鉄道よりも少し北に位置していた。

啓次郎たちは、ニューヨークで万次郎たち普仏戦争視察団と別れ、ニューブランズウィックに向かった。そして、ラトガース大学で前年に留学していた兄・大村武郎や薩摩藩の留学生たち、勝海舟の息子・勝小鹿などと面会した。啓次郎たちはニューブランズウィックに二、三日滞在した後、エール大学のあるニューヘイブンへと向かった。

ニューヘイブンに移動したころに撮影された写真

中央が啓次郎、左は児玉章吉、
右は啓次郎の次兄の丸岡（大村）武郎

ニューヘイブンに到着すると啓次郎は、丸岡（大村）武郎、橋口宗儀、児玉章吉とともにエール大学校内にあるアディソン・グアンネームの家に住むことになった。

グアンネームはエール大学の司書で、東洋に興味を持っていた人物である。彼はキャンパス内に住み、部屋も空いていた。エール大学は大原令之介（吉原重利）を大学初の日本人留学生として受け入れ、校内にあるグアンネームの家に住まわせることを許可していた。大原はまだヨーロッパに出発していなかったので、しばらく啓次郎たちやグアンネームとその家族らと一緒に暮らした。

アディソン・グアンネーム

啓次郎は、エール大学のcollegiate《カレッジエイト》 and《アンド》 commercial《コマーシャル》 institute《インスチチュウト》に入学した。

一八七一年（明治四年）十一月末の木曜日に「サンクスギビングデイ（感謝祭）」があり、啓次郎たちはグアンネームに誘われ、出掛けている。

グアンネームは大学の仲間に啓次郎を紹介した。啓次郎は中浜万次郎から英語を教えてもらっていたので、挨拶程度の会話を交わした。

啓次郎にアメリカに来て初めての友だちができた。エール大学で歴史言語学の教授をしているウイリアム・ドワイト・ホイットニーの息子で、エドワード・ボウルドイン・ホイットニーである。啓次郎と同い年だった。後にアメリカの司法長官になった人物である。

啓次郎は彼と付き合うことで、英語は勿論、アメリカのいろいろなことを学び、吸収することができた。

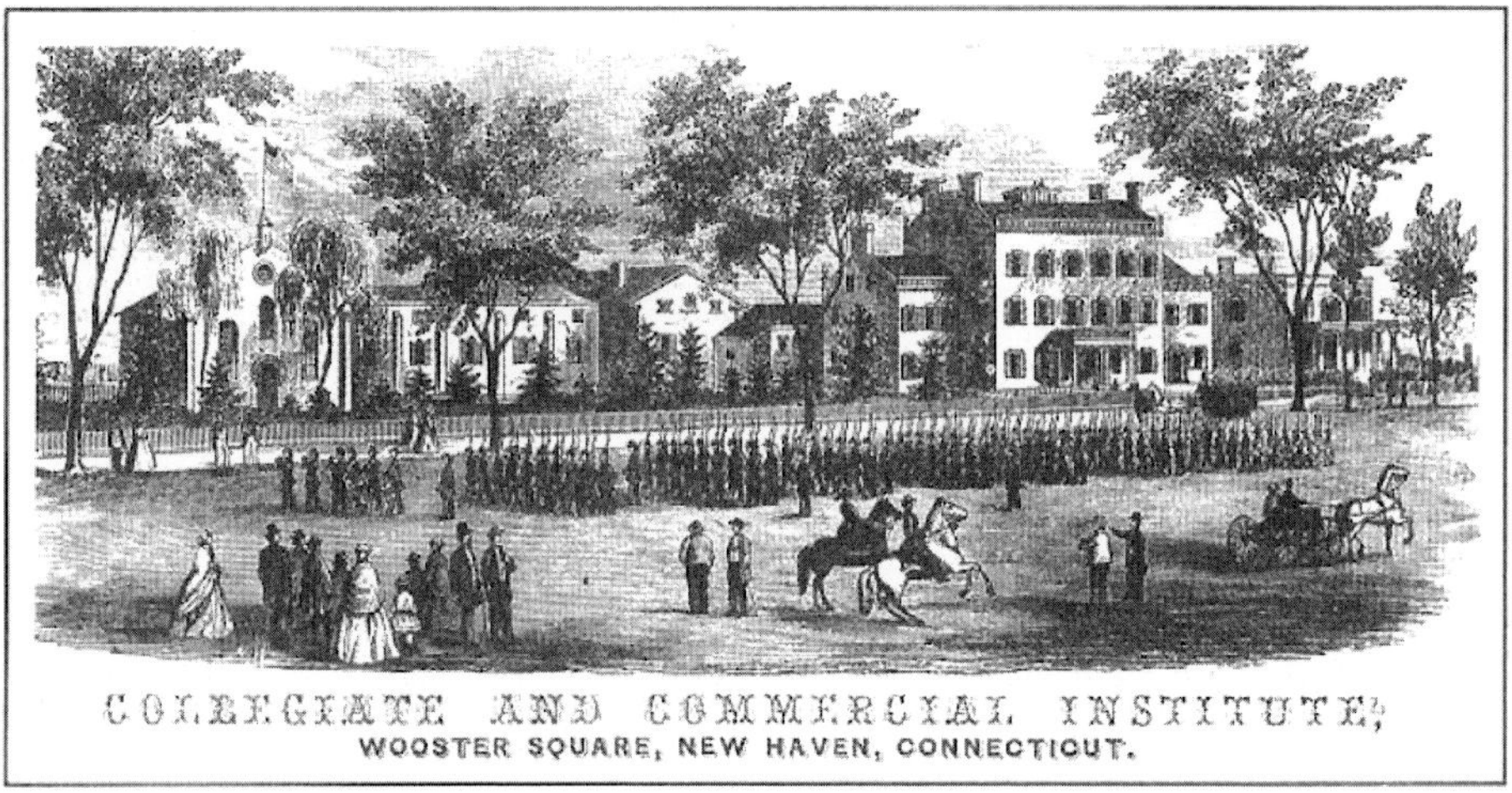

collegiate and commercial institute の当時の様子

一八七一年（明治四年）の写真から、啓次郎は一年間ほどcollegiate and commercial instituteで勉強していたと思われる。しかし、一八七二年にハートフォードで撮影された写真には「十二月十日」との裏書きがあるため、途中でハートフォードに移り住んだのだろうと考えられる。

啓次郎が一八七二年のいつごろからハートフォードに滞在するようになったのかは、判然としない。

翌年十月にはアナポリスの海軍兵学校に入学しているので、その間に近隣の町であるスプリングフィールドやノースアンプトン、グリンフィールドなどを旅行したのだろう。

ノースアンプトンは、ハートフォードから北に六十キロのところにある町である。当時、ノースアンプトンの神学校では児玉章吉が勉強していた。啓次郎は彼を訪ねたのかもしれないが、資料は残っていない。グリンフィールドは啓次郎が訪ねた一番北の町だが、ハートフォードに滞在していた時に旅行していたのかもしれない。

グリンフィールドで啓次郎の名前を見つけることはできなかったが、地元の新聞記事に「日本人がいた」という記事は残っていた。

啓次郎について書かれたいろいろな資料に「コンワイやロムホルドに滞在していた」という記述を見かけるが、いずれの町を訪ねても啓次郎が滞在したという明確な記録は残されていなかった。

コンワイは、ノースアンプトンとグリンフィールドの中間にある小さな町だった。ただロムホルドについては、ハートフォードから西に六十キロくらいにあるリッチフィールドという町にある地域の名前なのか、あるいは、友人の橋口宗儀が結核で療養していたニューミルフィールドという町にある小さな地区の名前なのかまではわからなかった。

なぜ啓次郎は、一年足らずでニューヘイブンから六十キロほど離れたハートフォードに移り住んだのだろうか。その謎については後述のアメリカ旅行記に譲ることにする。

啓次郎十四歳の時の写真（次ページ右上）が残っている。その裏（次ページ右下）には「一八七一年（明治四年）一月二十七日」のサインと、彼の自筆による名前が英語と日本語の両方の文字で書かれている。

コネチカット州ニューヘイブンで撮影されたもので、ニューブランズウィックで兄たちと再会し、十一月にはニューヘイブンに入りエール大学のグアンネームの家で生活していたので、そのころの写真と思われる。

一八七二年（明治五年）に撮られた啓次郎の写真（次ページ左）もある。この裏書きには「十一月十日撮影」とある。ハートフォードの高校に在学中の写真で、十五歳の時である。

啓次郎は、高校に入るとハートフォード高校の学長・ケプロンの家にホームステイするようになった。学長のケプロンは日本人学生に慕われ、一八七三年に五人の日本人学生たちから漆器の小箪笥《しょうたんす》を贈られている。小箪笥は現在、ハートフォード高校の博物館に所蔵されている。

啓次郎の写真
（ハートフォード）

啓次郎の写真
（ニューヘイブン）

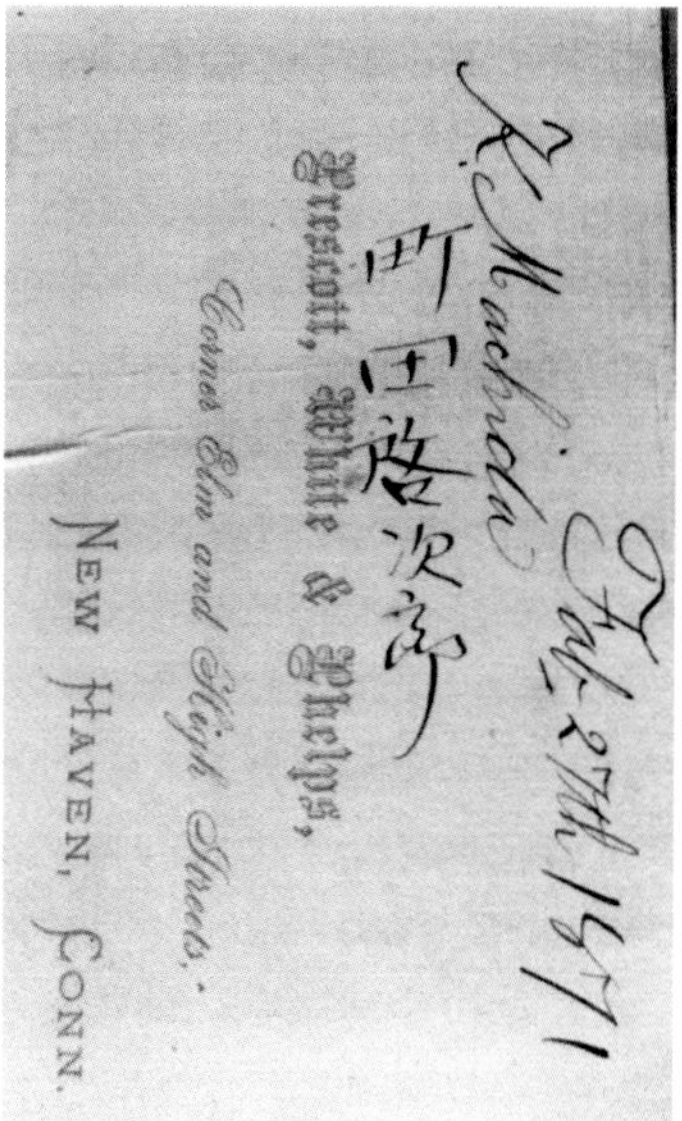

写真の裏のサイン

〈サンクスギビングデイの記録〉

おそらくグアンネームが啓次郎を感謝祭に連れて行った時の記録だろう。その時の様子を、その場にいた教授同士が手紙に書いてやり取りをしていたようだ。

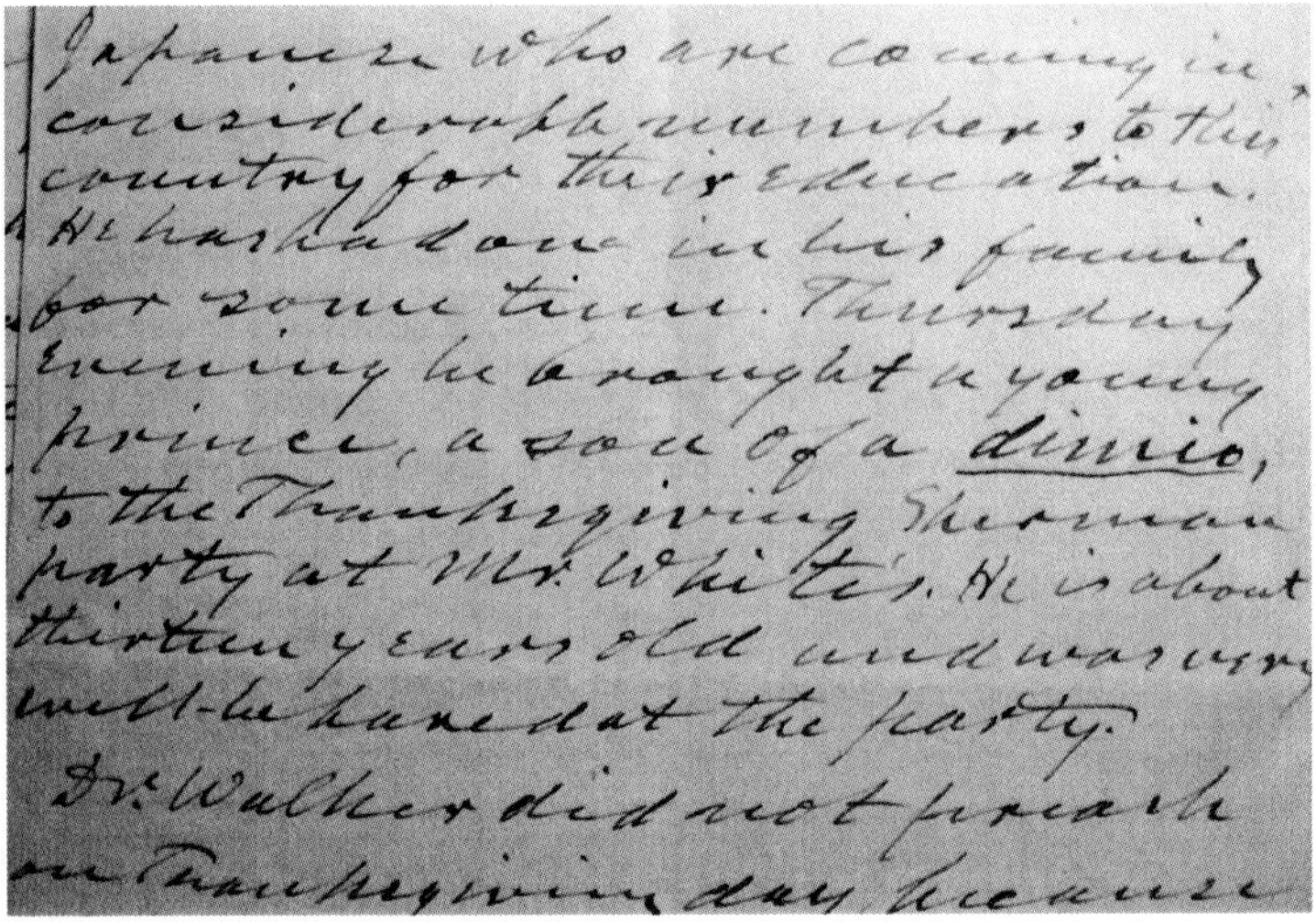
Japanese who are coming in
considerable numbers to this
country for their education.
He has had one in his family
for some time. Thursday
Evening he brought a young
prince, a son of a dimio,
to the Thanksgiving dinner
party at Mr. White's. He is about
thirteen years old and was very
well-behaved at the party.
Dr. Walker did not preach
on Thanksgiving day because

〈訳文〉

「教育を受ける目的で、かなりの数の日本人が我が国にやってきた。彼の家族も、しばらくの間、そのうちの一人を預かっている。木曜日の夜に、若きプリンスで大名の息子であるというその日本人をホワイト家での感謝祭の夕食に連れてきた。十三歳くらいというその日本人は夕食会でも、とてもマナー良く振舞っていた」

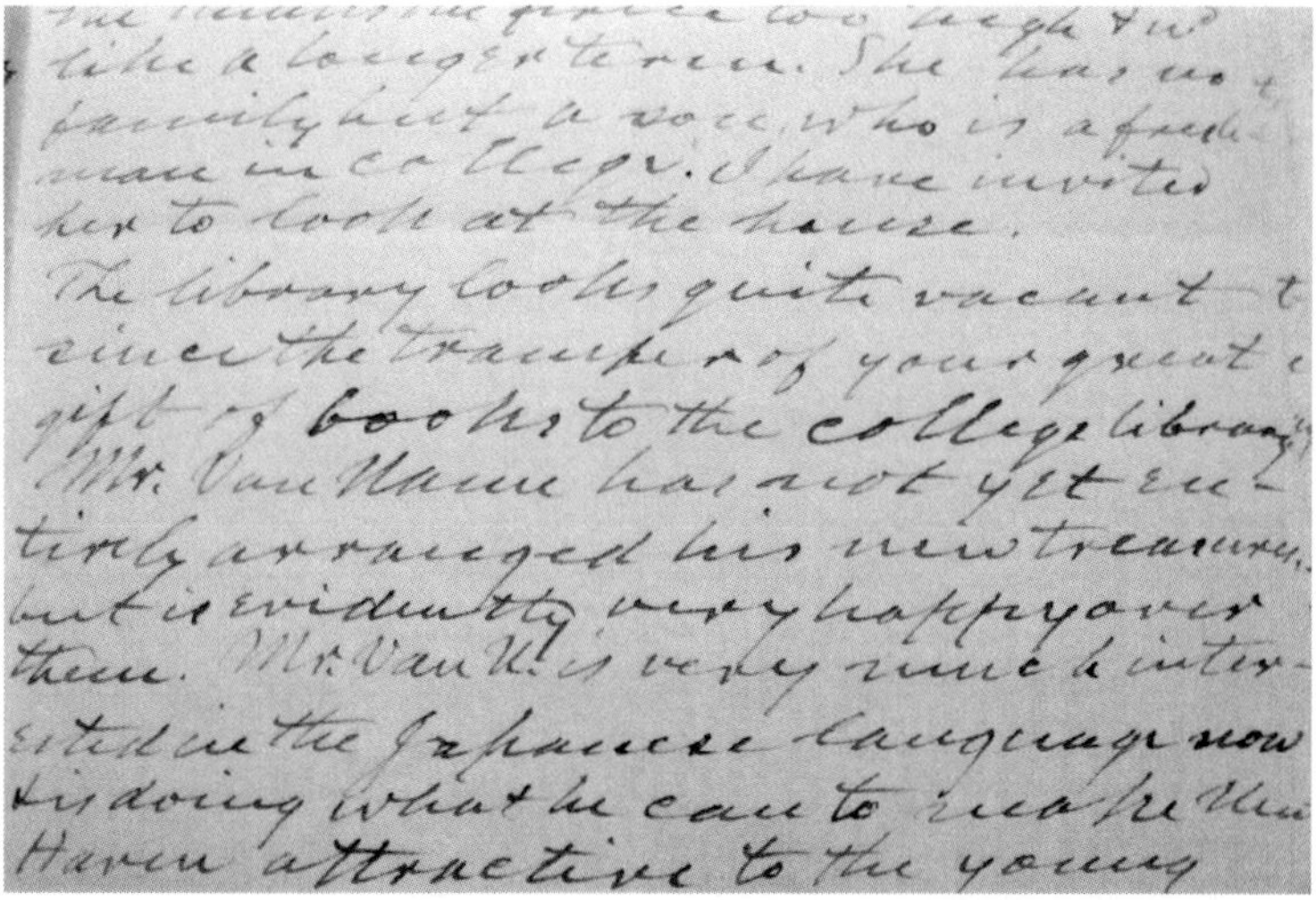

like a longer term. She has no
family but a son, who is a fresh-
man in college. I have invited
her to look at the house.
The library looks quite vacant
since the transfer of your great
gift of books to the college library.
Mr. Van Name has not yet en-
tirely arranged his new treasury,
but is evidently very happy over
them. Mr. Van N. is very much inter-
ested in the Japanese language now
& is doing what he can to make New
Haven attractive to the young

〈訳文〉

一行目は判読不能のため、二行目から。（■■■は判読不能箇所）

「彼女には、大学で■■■をしている息子以外に家族はない。

　私は彼女をわが家に招待した。うちの図書室はその多くの本を大学の図書館に寄付したため、ほとんど空っぽになっている。

　グアン氏は、それらの本の全てをまだ書棚に収め終わってはいないが、宝物のような本が届いたことについては、とてもうれしそうである。

　グアン氏は、日本語にとても興味を持っており、ニューヘイブンを若い■■■にとっても、もっと魅力的な場所にするために、彼ができることをしようとしている」

〈エディーホイットニーの日記〉

「エディーホイットニー」という人物の日記に、次のような記録が残されている。

「十一月一日（火曜日）　とても良い日だった。ボールドウイン夫人のパーティについてはまだ何の知らせも入って来ていない。エディーと私はグアン夫人のパーティに行き、六人の日本人に会った。」

「十一月二日（水曜日）　[redacted]前の今夜、一人の小さな日本人の男の子がエディーに会いに来た。私は……[redacted]。」

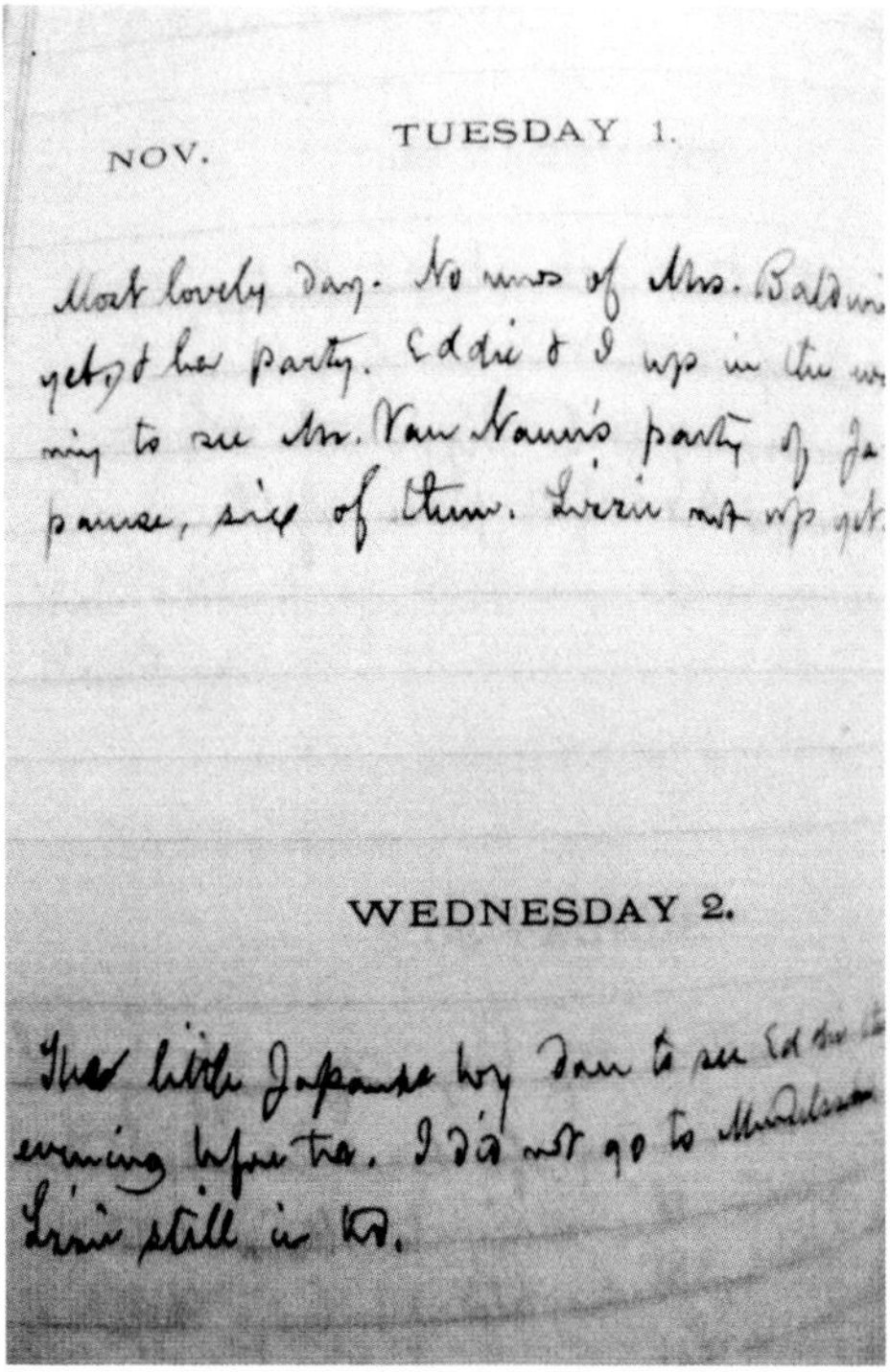
NOV.　TUESDAY 1.

WEDNESDAY 2.

ただ、この日記はエディー本人が書いたのではなく、彼の兄弟か両親が書いたものかもしれない。

啓次郎たちが大陸横断鉄道を利用して西海岸から東海岸へ移動したことや、滞在時の様子や町の風景など、そのルートも少しずつわかってきた。と同時に、深まっていく謎がいくつも出てきた。

考えれば考えるほど謎は深まるばかりだった。次第に、「アメリカへ行ってこの謎を直接自分の目で確かめてみたい」という気持ちがあふれてきた。「実際に啓次郎の歩いた道をこの足で歩いて、啓次郎が見た風景や町並みを自分の目で見てみたい」という思いに駆られるようになった。そして、無謀にも約一ヶ月の一人旅をしようと計画した。

しかし、旅の準備をどう進めればいいかわからない。利用する航空機やホテルを調べ、旅行代理店に連絡をしたりメールを送ったりして訪問の手順を考えた。

インターネットの地図を眺めながら、訪ねる町のルートを決めたり、会おうと思う人をリストアップして約束を取り付けたり、アメリカでの移動をサポートしてくれる日本人を探したり、タイムスケジュールや滞在日数まですべて決めた。準備すべきことは山ほどあった。

「啓次郎を訪ねる一人旅」を思い立ってから、およそ三ヶ月の準備期間を要した。そして二〇一九年（令和元年）四月、いよいよアメリカに出発することになった。

英語をまったく話せず、加えて機械音痴の七十一歳のおじさんの初めてのアメリカ旅行。しかも約一ヶ月の一人旅だ。誰に話しても「無謀な旅」だと反対された。でも、もう行かずにはおれなかった。

啓次郎と一緒に旅をするような気持ちの高まりもあり、不安な気持ちは不思議とそれほど湧いてこなかった。

その詳細は、第四章の旅行記で明らかにしたい。

第三章　アナポリス海軍兵学校

維新後の明治新政府は、海軍大輔《たいふ》の勝海舟に日本海軍のリーダーとなるべき青年たちの教育を依頼した。勝は、日本人学生の受け入れについてアメリカ政府と交渉を重ねた。

啓次郎は、アメリカ滞在中の一八七三年（明治六年）十六歳の時に、勝の推薦でアナポリス海軍兵学校に入学している。

啓次郎に関して残されている資料では、アメリカ留学の記録は簡単な紹介しかされていない。アナポリス海軍兵学校のことも簡単な紹介がされているだけである。

彼は果たしてアメリカでどのようなことを勉強し、どのような生活を送っていたのだろうか？

啓次郎のアナポリス海軍兵学校への入学は、もちろん勝の推薦があったからではあるのだが、彼の五年半の留学生活の中で、彼自身がはっきりとした目的を持ち、その意思を明確にして入学した専門学校である。

啓次郎がアナポリスの海軍兵学校で学んだのは、一八七三年（明治六年）十月から一八七四年（明治七年）までの一年数ヶ月で、留学の最後の時期に当たる。啓次郎はこのアナポリスで、何を考え、どのように生活し、それがどのようにその後の啓次郎の生き方を決めていったのだろう？

その謎の解明のカギはまさにこのアナポリスにあると思い、その一年数ヶ月の啓次郎のアナポリス海軍兵学校での生活を追いかけてみた。

〈アナポリス海軍兵学校入学〉

アナポリス海軍兵学校は、ワシントンから東に五十キロのメリーランド州アナポリスにある。

アナポリス海軍兵学校の前身である海軍学校は、一八四五年アナポリスの旧フォートセグアーンに設立され、一八五〇年にアメリカ海軍の大学である海軍兵学校になった。南北戦争時には一時、ロードアイランド州のニューポートに移転したが、一八六五年には再びアナポリスに戻っている。

啓次郎がアナポリス海軍兵学校に入学したのは一八七三年（明治六年）十月十四日のことである。

1870年ごろのアナポリス海軍兵学校と現在の兵学校

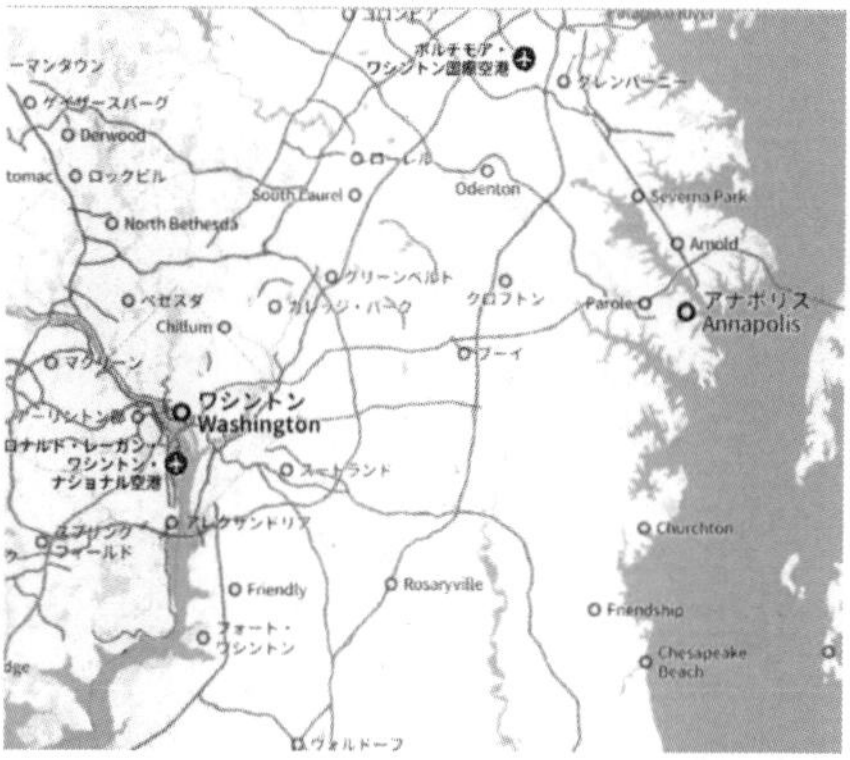

留学生の兵学校への入学に関しては、一八六八年（明治元年）に日本政府がアメリカ政府に生徒の受け入れを依頼し、同年七月二十七日にアメリカ政府の両院合同決議を経て実現している。

啓次郎に関しては、八月十日に日本の海軍省が入学を許可し、アメリカの海軍長官が十月十三日に海軍兵学校に対して啓次郎の受け入れを促す書簡を送っている。

当時日本とアメリカとの間では、留学生を四、五人程度受け入れるということで合意されている。

〈勝海舟の推薦状〉

「右は自費のアメリカへの留学生でしたが、今度日本海軍省生徒として入籍の上、アメリカの海軍学校に入学させたいのでお伺いいたします。但し、このことは日本海軍の留学生が病死や帰国で欠員が出た時の補充に当たり、決して増員には当たりませんのでこのことは心得いただきますよう申し添えます。」

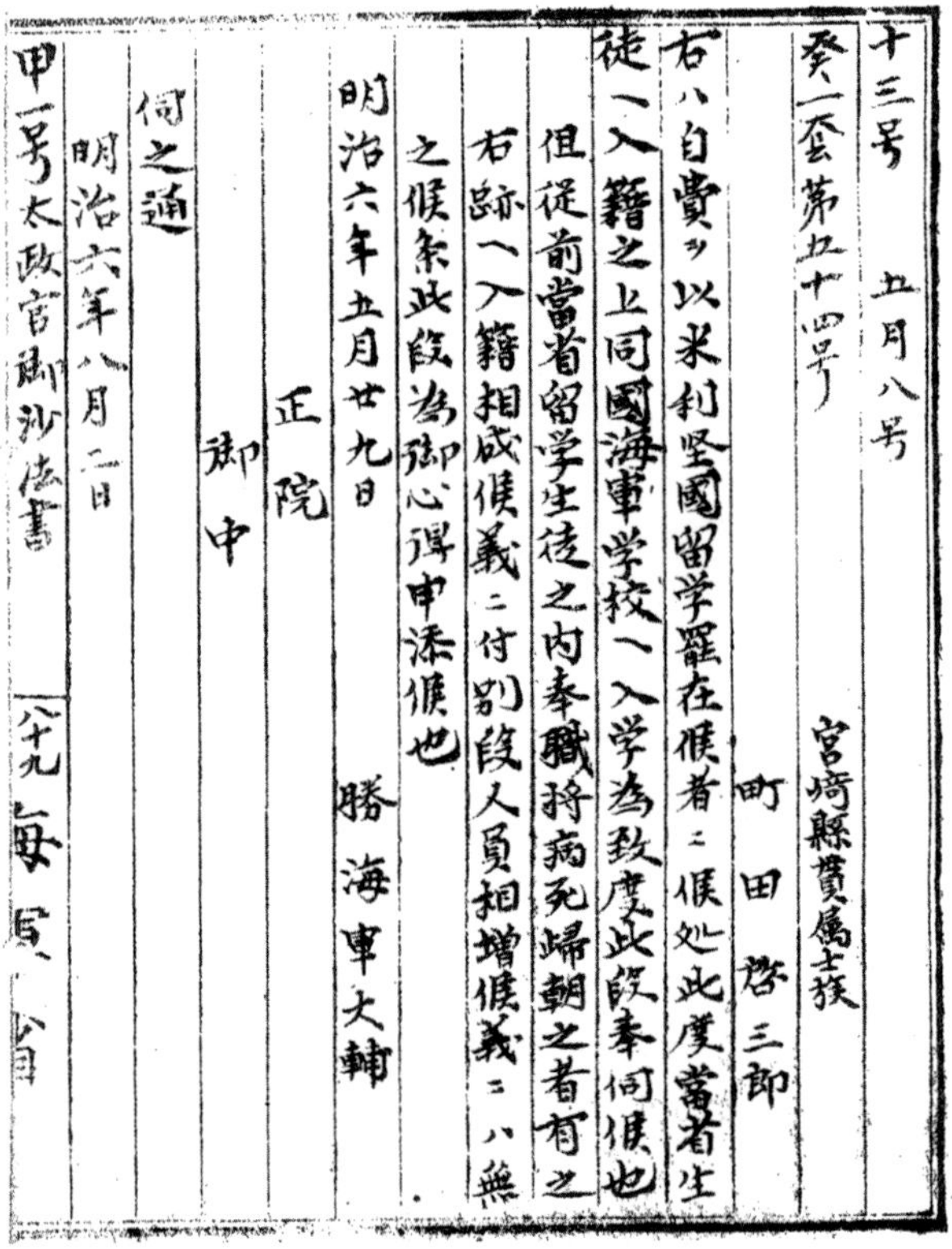
十三号　五月八号
癸一套第五十四号
宮崎縣貫属士族
町田啓三郎
右ハ自費ヲ以米利堅國留学罷在候者ニ候処此度當省生
徒ニ入籍之上同國海軍学校ヘ入学為致度此段奉伺候也
但従前當省留学生徒之内奉職并病死帰朝之者有之
右跡ヘ入籍相成候義ニ付別段人員相増候義ニハ無
之候条此段為御心得申添候也
明治六年五月廿九日　勝海軍大輔
正院
御中
伺之通
明治六年八月二日
甲一号太政官御沙汰書
八十九

勝海舟の推薦状

書簡では自費留学となっているが、啓次郎たちのアメリカ留学は、忠寛公が戊辰戦争の活躍功績により明治政府から受けた三万石の一部を留学生八人の学費に充てたものである。

アメリカと交わした合意文書の範囲内での推薦であると書かれている。

〈入学許可状〉

「右は自費でアメリカに留学していた者でしたが、今度日本海軍省生徒への入籍の上、アメリカ海軍兵学校へ入学いたしましたことは、正院へ伺い済みですので、別紙達書を本人へ渡し、入校手続等よろしく取り計らいについてアメリカの日本公使へ通達していただきたく、且日本人請書が着き次第日本海軍へ回送するように公使へ通達していただきたく申し入れます。但し学費については、本人が請書を提出した日から一ヶ年につき金千円宛を日本海軍より送金するようにいたしますので、請書を早く提出するようそのことも通達ください。」

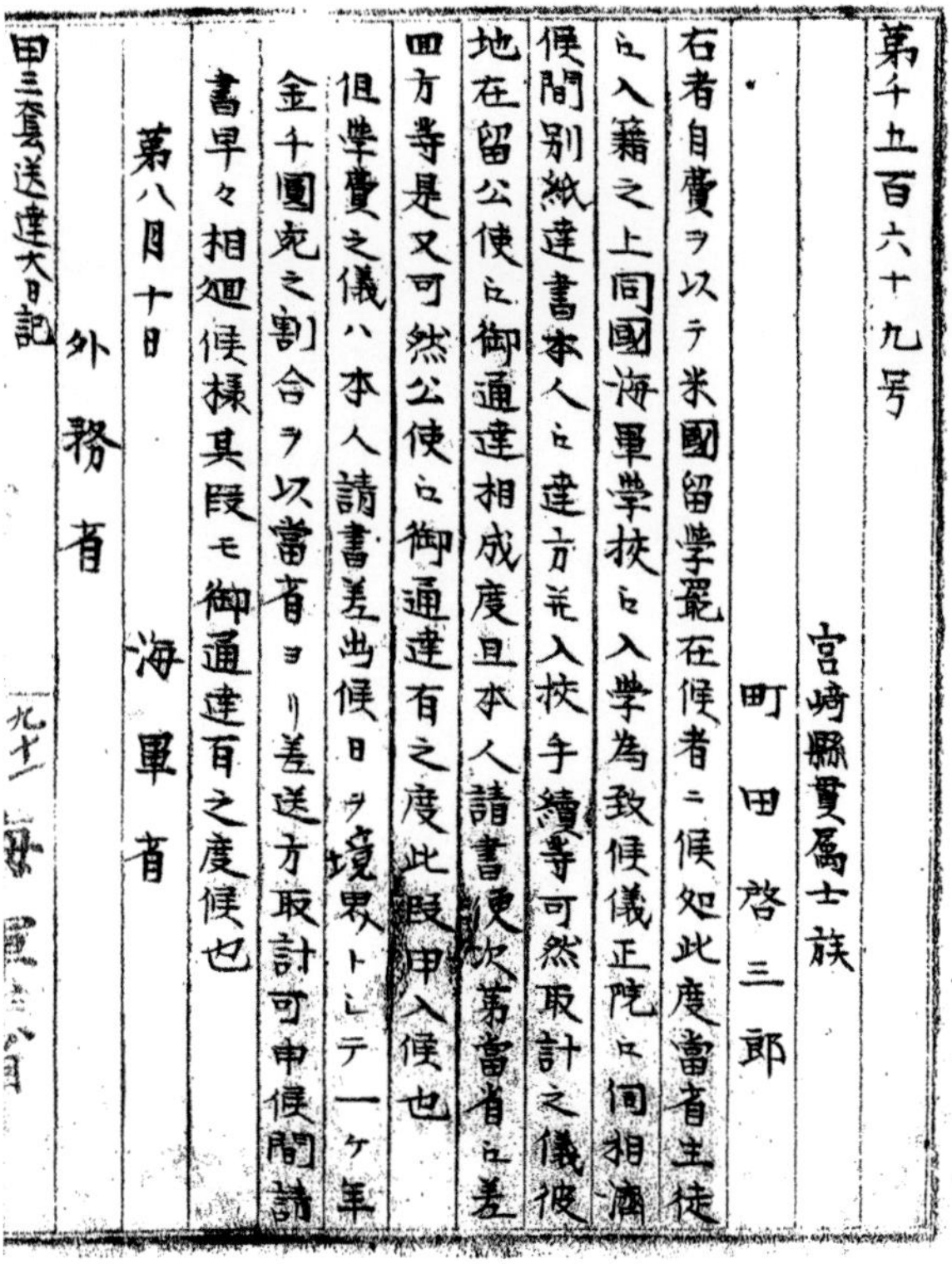
第千五百六十九号
宮崎縣貫属士族
町田啓三郎
右者自費ヲ以テ米國留学罷在候者ニ候処此度當省生徒ニ入籍之上同國海軍学校ニ入学為致候儀正院ニ伺相済候間別紙達書本人ニ達方并入校手續等可然取計之儀彼地在留公使ニ御通達相成度且本人請書着次第當省ニ差回方等是又可然公使ニ御通達有之度此段申入候也
但学費之儀ハ本人請書差出候日ヲ境界トシテ一ヶ年金千圓宛之割合ヲ以當省ヨリ差送方取計可申候間請書早々相廻候様其段モ御通達有之度候也
第八月十日　海軍省
外務省
甲三套送達大日記

入学許可状

いずれの書簡も啓次郎の名前はなぜか「啓三郎」になっている。

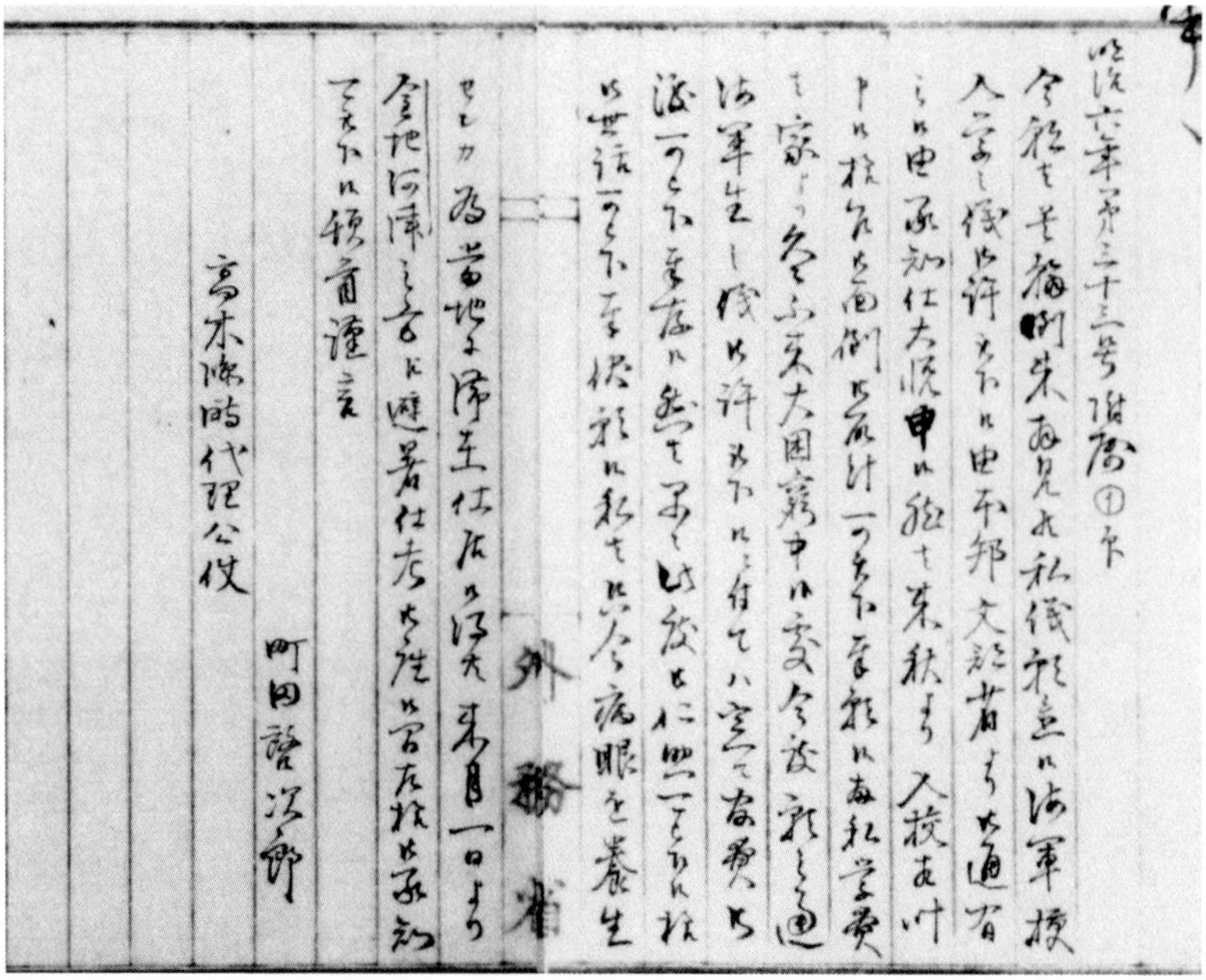

〈啓次郎の礼状〉

「今朝手紙を受け取り拝見しました。お願いしていました海軍兵学校入学に関して日本の文部省から知らせがあり大変喜んでいます。来年の秋に入校がかなうように取り計らってくださいますようにお願い致します。今私は国からの仕送りが滞っていて困っています。できましたら、海軍生徒が許可されたことですし、官費お渡し願えないでしょうか。私は眼病を患っており、来月一日から避暑に行くことにしています。」と、啓次郎は高木臨時公使に礼状を書いている。

〈入学許可依頼状〉

アメリカ海軍長官から、海軍兵学校校長に宛てた、入学許可依頼の書簡の内容は、「一八六八年七月二十七日の国会での両院合同決議に則って、大日本帝国の臨時大使より指名された日本人青年の町田啓次郎氏を、海軍兵学校に受け入れて教育することを許可頂きたく存じます」となっている。

入学許可依頼状（1873 年 10 月 13 日）

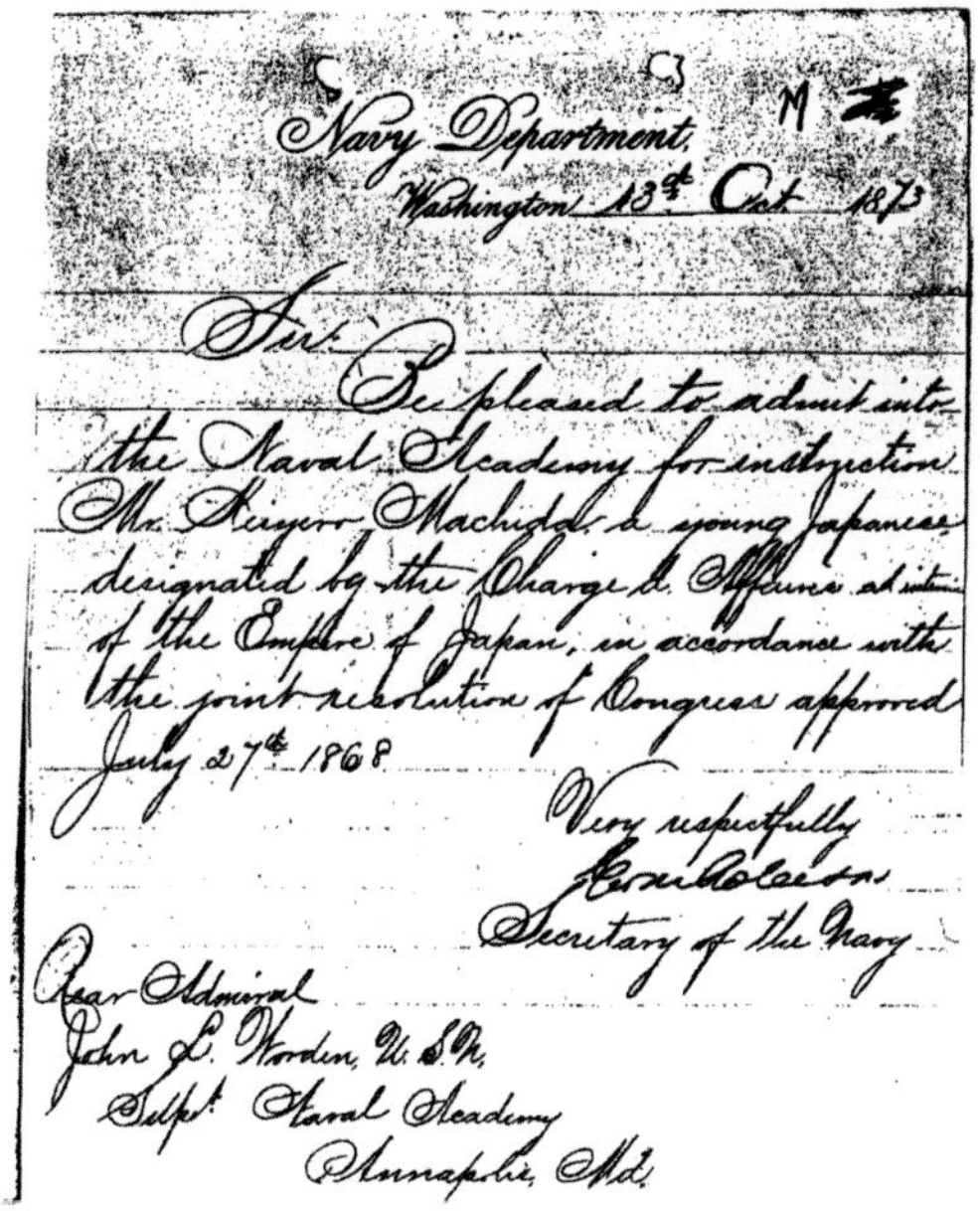
Navy Department
Washington 13th Oct 1873

Sir:
Be pleased to admit into the Naval Academy for instruction Mr. Keiyiro Machida, a young Japanese designated by the Charge d. Affaires ad interim of the Empire of Japan, in accordance with the joint resolution of Congress approved July 27th 1868.

Very respectfully
Secretary of the Navy

Rear Admiral
John L. Worden, U.S.N.
Supdt. Naval Academy
Annapolis, Md.

Navy Department
Washington 13th Oct 1873

Sir:

Be pleased to admit into the Naval Academy for instruction Mr. Keiyiro Machida, a young Japanese designated by the Charge d'Affaires ad interim of the Empire of Japan, in accordance with the joint resolution of Congress approved July 27th 1868.

Very respectfully
George Robeson
Secretary of the Navy

Rear Admiral
John L. Worden, U.S.N.
Supdt. Naval Academy
Annapolis, Md.

海軍省
ワシントン、１８７３年１０月１３日

拝啓

１８６８年７月２７日の国会での両院合同決議に則って、大日本帝国の臨時代理大使より指名された日本人青年の町田啓次郎氏を、海軍兵学校に受け入れて教育することを許可頂きたく存じます。

敬具
ジョージ・ロブソン
海軍長官

海軍少将
米国海軍　ジョン・L・ウォーデン殿
海軍兵学校校長
メリーランド州アナポリス

啓次郎は、十月十三日に入学許可が下りて、十四日には入校している。おそらく彼はすでにアナポリスで待機していたのだろう。

一八七三年（明治六年）十一月二十二日に、在米大使臨時代理の矢野次郎が、外務小輔・上野景範に送った書簡には、勝小鹿、国友次郎の成績と一緒に啓次郎の成績が紹介されている。四号生徒（一年生のこと）の啓次郎は百十三人中、数学三十六番、文典四十七番、歴史並作文二十六番、佛学百九番となっている。

ちなみにこの報告書には、三号生徒（二年生のこと）の勝小鹿、国友次郎の成績も紹介されているが、啓次郎は彼らに比べて非常に良い成績である。啓次郎だけが入学から一ヶ月ほどの成績であることが不思議なのだが、この報告書はそれだけ啓次郎の成績が非常に優秀であることを証明しているということなのかもしれない。

矢野次郎から上野景範宛の書簡
（啓次郎、勝小鹿、国友次郎の成績）

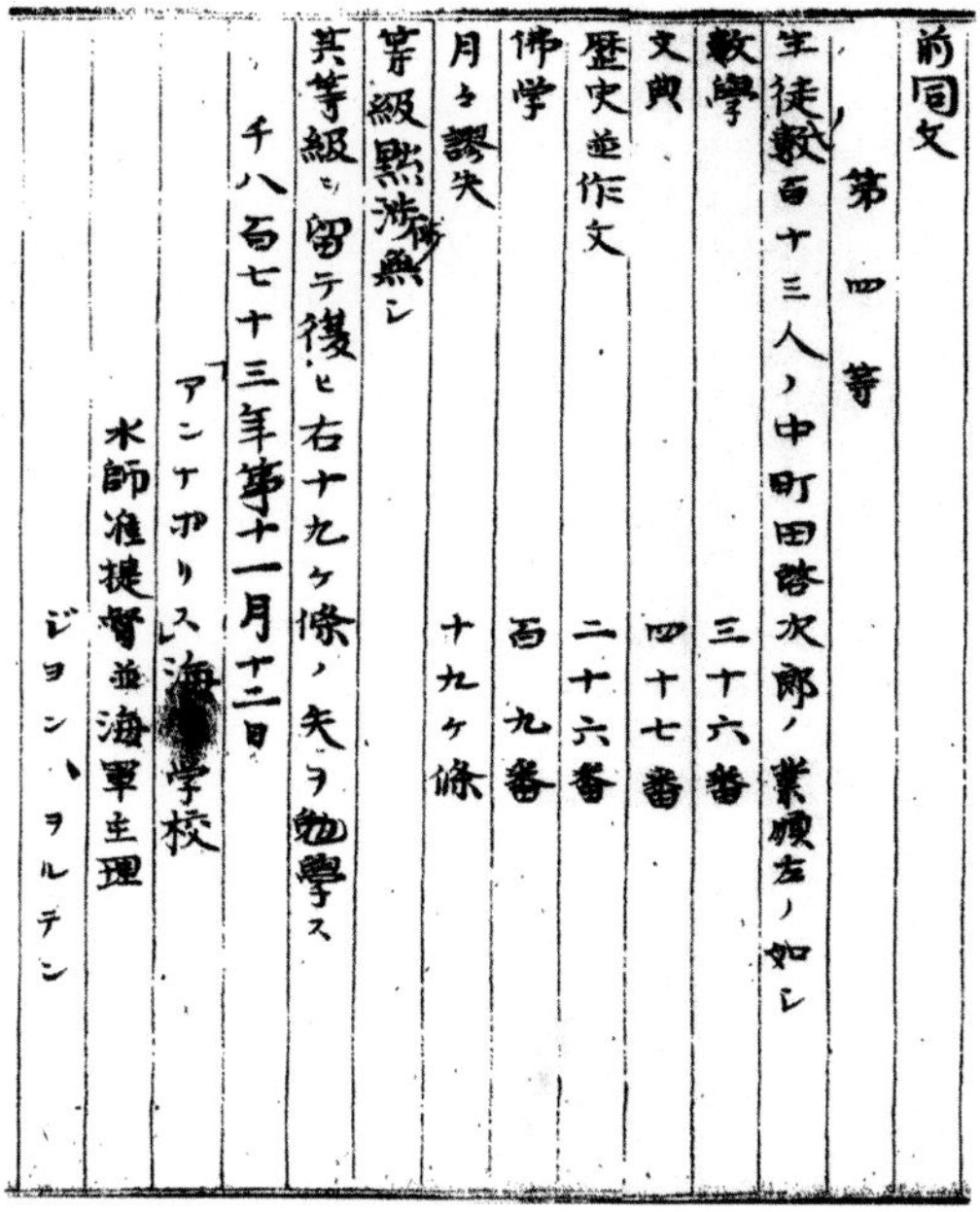

前同文
第四等
生徒數百十三人ノ中町田啓次郎ノ業順左ノ如シ
數學　三十六番
文典　四十七番
歴史並作文　二十六番
佛学　百九番
月々謬失　十九ヶ條
等級黜陟無シ
其等級ニ留テ後ヒ右十九ヶ條ノ失ヲ勉學ス
千八百七十三年第十一月十二日
アンナポリス海軍学校
水師准提督並海軍生理
ジヨン、ヲルテン

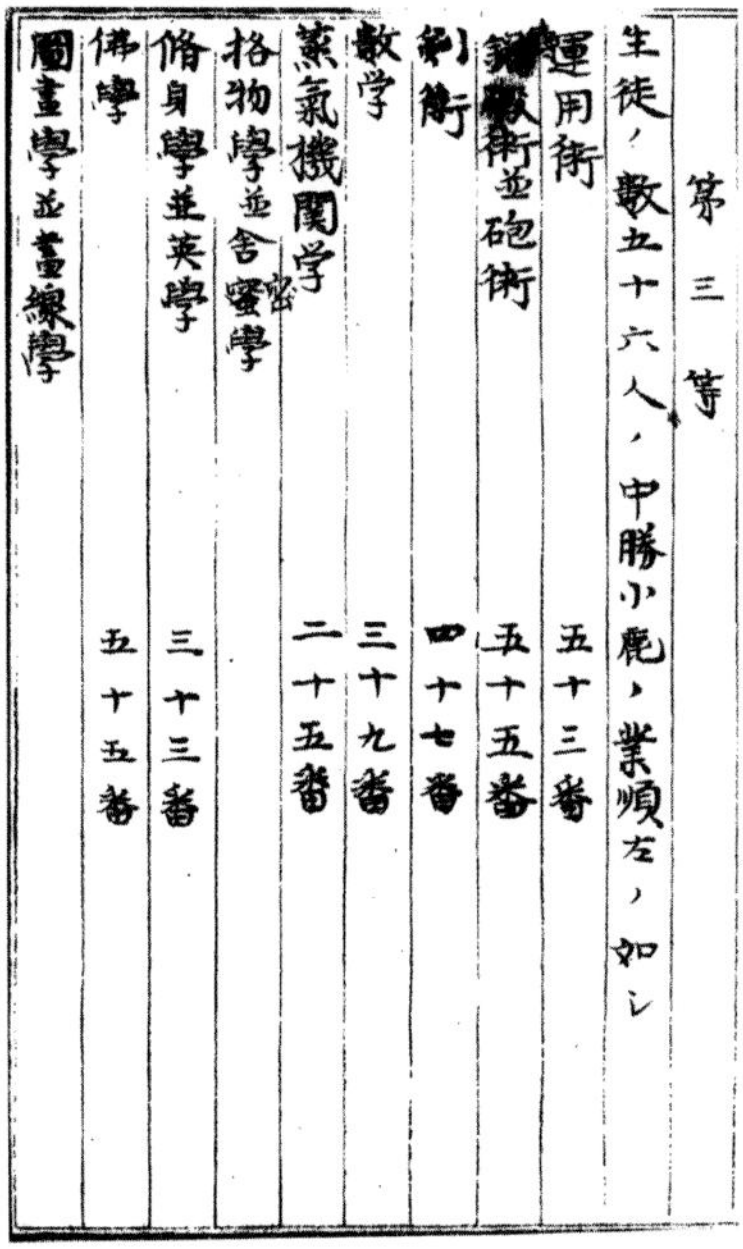

第三等
生徒ノ數五十六人ノ中勝小鹿ノ業順左ノ如シ
運用術　五十三番
鑄礮術並砲術　五十五番
劍術　四十七番
數学　三十九番
蒸氣機関学　二十五番
格物學並舎密學
脩身學並英學　三十三番
佛學　五十五番
圖畫學並畫線學

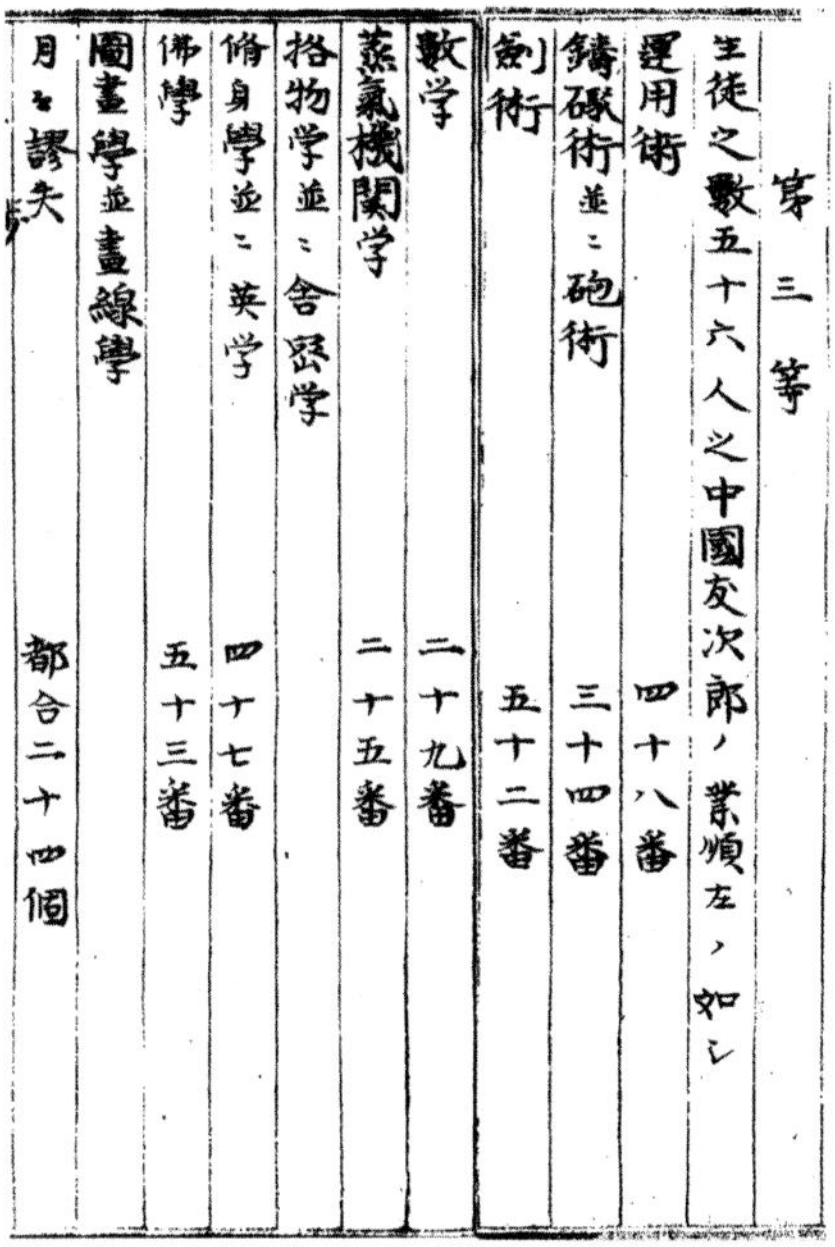

第三等
生徒之數五十六人之中國友次郎ノ業順左ノ如シ
運用術　四十八番
鑄礮術並ニ砲術　三十四番
劍術　五十二番
數学　二十九番
蒸氣機関学　二十五番
格物学並ニ舎密学
脩身學並ニ英学　四十七番
佛學　五十三番
圖畫學並畫線學
月々謬失　都合二十四個

一八六九年（明治二年）から一九〇六年（明治三十九年）にアナポリス海軍兵学校に入学した留学生は十七名で、最短の四年間の勉強で卒業できたのは松村淳蔵（薩摩藩）ただ一人で、彼は語学力をはじめ、能力が優れていたといわれている。

海軍兵学校を卒業したのは七名、中途退学は十名である。ちなみに、勝海舟の息子・勝小鹿は成績が悪く、一度は退学をしている。しかし、すぐに再入学をして卒業にこぎつけている。啓次郎も中途退学をしている。この時の名簿では、啓次郎はなぜか「Machida」の頭文字の「M」が「H」になっている。

伊勢佐太郎（横井佐平太　肥後藩）は、語学力不足で退学している。

〈アナポリス海軍兵学校に在籍した日本人〉

〈卒業生〉
松村淳蔵（薩摩藩）、勝小鹿（東京）、国友次郎（肥後藩）、世良田亮（上田藩）、瓜生外吉（大聖寺藩　加賀藩の支藩）、田村不顕（東京）、井上世之介（良智　薩摩藩）

〈中途退学生〉

町田啓次郎（佐土原藩）、伊勢佐太郎（横井佐平太　肥後藩）、仁礼景一（景範　薩摩藩）、湯地定監（薩摩藩）、高橋元彦（薩摩藩）、南部秀麿（盛岡藩）、東孝彦（華頂宮博啓　皇族）、北垣旭（鳥取藩）、松方金次郎（薩摩藩　子爵　松方正義の子供）、有馬軒太郎（薩摩藩）

　啓次郎の兄たちと、先に留学した平山太郎が、アナポリス海軍兵学校に在籍していた記録はこの在籍者一覧では確認できない。

Names below are in Japanese order - surname first.
The spellings are in the Standard (Hepburn) romanization system.
From Dave Evans, Department of History, University of Richmond, VA 23173, 10-5

p. 91

TABLE 4
JAPANESE AT THE U. S. NAVAL ACADEMY, 1869-1906

1. GRADUATES Name	Admitted, Year/Month	Age at Admission, Years/Months	Graduated, Year/Month	Class Standing: Rank/No. of Grads.	Highest Rank Attained	Remarks
Matsumura Junzō	69.12	27.5	73.5	28/29	VADM	Rutgers 1868-69
Katsu Koroku	71.6	16.4	77.6	44/45		Not in naval registers of 1883 and after
Kunitomo Jirō	72.10	17.1	77.6	45/45		
Serata Tasuku	77.9	20.11	81.6	14/72	RADM	Commissioned LTJG 1881
Uriu Sotokichi	77.9	20.8	81.6	26/72	ADM	" " "
Inoue Yonosuke (Ryōchi)	77.9	26	81.6	72/72	VADM	" " "
Tamura Hiroaki	96.5	17.5	00.6	61/61	RADM	Made Midshipman 1900.8

2. DROP-OUTS Name	Admitted, Year/Month	Age at Admission Years/Months	Withdrew, Year/Month	Highest Rank Attained	Remarks
Ise Satarō	69.12	—	71.10		
Azuma Takahiko	72.5	18	73.7		
Hachida Keijirō (Yujirō)	73.10	16.4	76.1	CAPT	
Arima Kantarō	74.6	17.3	76.7		
Nambu Hidemaro	74.6	16.1	75.1		
Yuichi Sadanori	78.9	19.11	81.4	ENG VADM	Cadet Engineer
Nire Kagekazu	87.5	17.8	91.6	LCDR	Killed in Russo-Jse. War
Takasaki Motohiko	91.5	17.9	95.5	LCDR	" " " " "
Kitagaki Asahi	05.6	19.7	06		
Matsukata Kinjirō	06.6	18.5	06		Died 1906.8

SOURCES: Peter George Cornwall, "The Meiji Navy: Training in an Age of Change," Ph.D. dissertation, University of Michigan, 1970, pp. 201-03; Moto Kaigun shikan meibo [Register of former naval officers], comp. Kōseishō Engo-kyoku (Tokyo: n.p., 1952); Kaigunshō, Kaigun Heigakkō, ed., Kaigun Heigakko enkaku [History of the Naval Academy], 2 vols. in one (Tokyo: Hara Shobo, 1968; reprint of original ed. of 1919) 1: 69-70, 302-03.

NOTES: VADM means vice admiral, ENG VADM engineer vice admiral, RADM rear admiral, CAPT captain, LCDR lieutenant commander, LTJG lieutenant junior grade.

アナポリス海軍兵学校在籍者一覧

アナポリス海軍兵学校のタイムスケジュール

2 明治2年11月16日〔'69年12月18日〕

U.S. Naval Academy
Building 1, Room 1
Annapolis, M. D.
Dec. 18th 1869

拾六日の貴翰今日相達し、忝拝誦致し候。
○佐土原世子君にも既に新約克《ニューヨーク》に御安着、即今新ブランジーキ《New Brunswick》にて御滞学の哉《ママ》に被仰聞候。さてくプリンスの世子として、如斯なかくの遠国まで御航海被遊候事、実に古今未曽《ママ》有の事にて御同慶の至り御坐候。願くは、余のプリンスの世子達も如斯有之度事に御坐候。
○弟、当地え参候爾来多用に紛れ、存外音信を遠する事を延引し、多罪く平に御仁恕可被下候。
「受許シユプレンテンダント《superintendent professor》。プロヘスソル、海軍生より別して深切に預り、誠に以大幸の至に御坐候。
○ラストウイーキ中は繁多に因て勉学せす。此モンテイより相始めたり。
科業は左之通
英文典　地理書、仏蘭西教授方、仏人也、絵書《ドローウイン》
海軍砲術、インフハントリー《infantry》調練、撃剣
右の外
右は七日に両度宛
一朝六時の砲声に直に床を離れ、衣服を着し、部屋を掃溌し、ニートリー《neatly》に保つ事也。
七時の大鼓に皆アカドミーの庭前に集る、左候て二行に列して立つ、時に第一等諸生一人、第二或は第三等の諸生両人、第四等海軍士の衣服ニートリーに着せし哉、或は履をキリーン《clean》せんかを改む、右終つて亦二行に列して食事部屋に入る、各のチェヤの後に立、其時第一等の書生より「テーキ《take》チエヤ《ママ》」と号令すれば皆チェヤに坐す。

扨、食事終れば、亦以前の書生マーチヲウ《march out》と号令すれば各二行に列して亦食事部屋を立つ。食事例如斯。夕八時の大鼓に各勉学をはしむ。十時の大鼓に火を消す。十字後決して火を用ゆる事を免さす。
○海軍士凡四百人に及へし。内九十六人第四等の諸生即弟がカラスメート也
右人数分て四隊となす。第一隊第二隊第三隊第四隊、右人数海上砲術の時は一隊を十二人つゝに分る。第一の大砲兵、第二の大砲兵と如斯分る。

僕は第四隊の水夫第十六番大砲兵士也。

海軍附のカピテイン《captain》、ルーテナン《lieutenant》の内に日本に居たる人多く有之、日本語を少し覚候人有之候。時として彼に逢候節は、「ヲハヨー」と日本語を用ゆ人に折々逢候。
○学校の規則極めて厳也。海軍生。酒を呑み煙草を用ゆる事を別て禁す。若、過て是を破るものは立処に学校を追出す。
フライデイの夕には、ダンシンマストル《dancing master》来りてダンシンを海軍士に教ゆ。
○海軍砲術調練極めて面白し。弟甚好む。
○日本字に僕か名を当て呉といふ人尤多し。毎日吾名を日本字と英字に書事、更に数知れす。書生は勿論、プロフェスソルさへも願たり。是日本字は彼等に甚めづら敷故也。おのく書状に封してその両親に送るといふ。
一兄、もし小松《帯刀カ》君幷重野《安繹カ》氏よりの書状御持合候はゝ、何卒一覧被仰付度伏て奉願候。
故国よりの書状といへは殊更床敷御座候間、何ても外に新報ても御聞及候はゝ御報し被下度、伏して奉希候。河野君も倍御壮栄被成御坐、御勉学候。沼川《三郎》《横井太平》氏の書状先月の頃より相届候由承候也。病気も余程此頃は宜敷由也。伊勢《佐太郎》《横井左平太》君よりも、何卒宜敷様弟より告呉候様との事也。
よし田君、大原《令之助》《吉原重俊》君えも何卒御伝声被下度奉願候。
右は大略ながら御報まて早々如斯候。頓首
十八日サチユルデイ　まつむら淳蔵
永井五百介様机下

松村淳蔵が吉田清成に送った書簡の中で、海軍兵学校での日課、タイムスケジュールが紹介されている。

伊勢佐太郎（横井佐平太）も、同様の書簡を肥後の知人に送っている。

兵学校だけに校則が厳しく、時間刻みのスケジュール、基礎科目から航海術、機械学などの実践的な学習、酒・タバコの禁止が決められている。違反が多い者は退学などの厳しい規則もある。

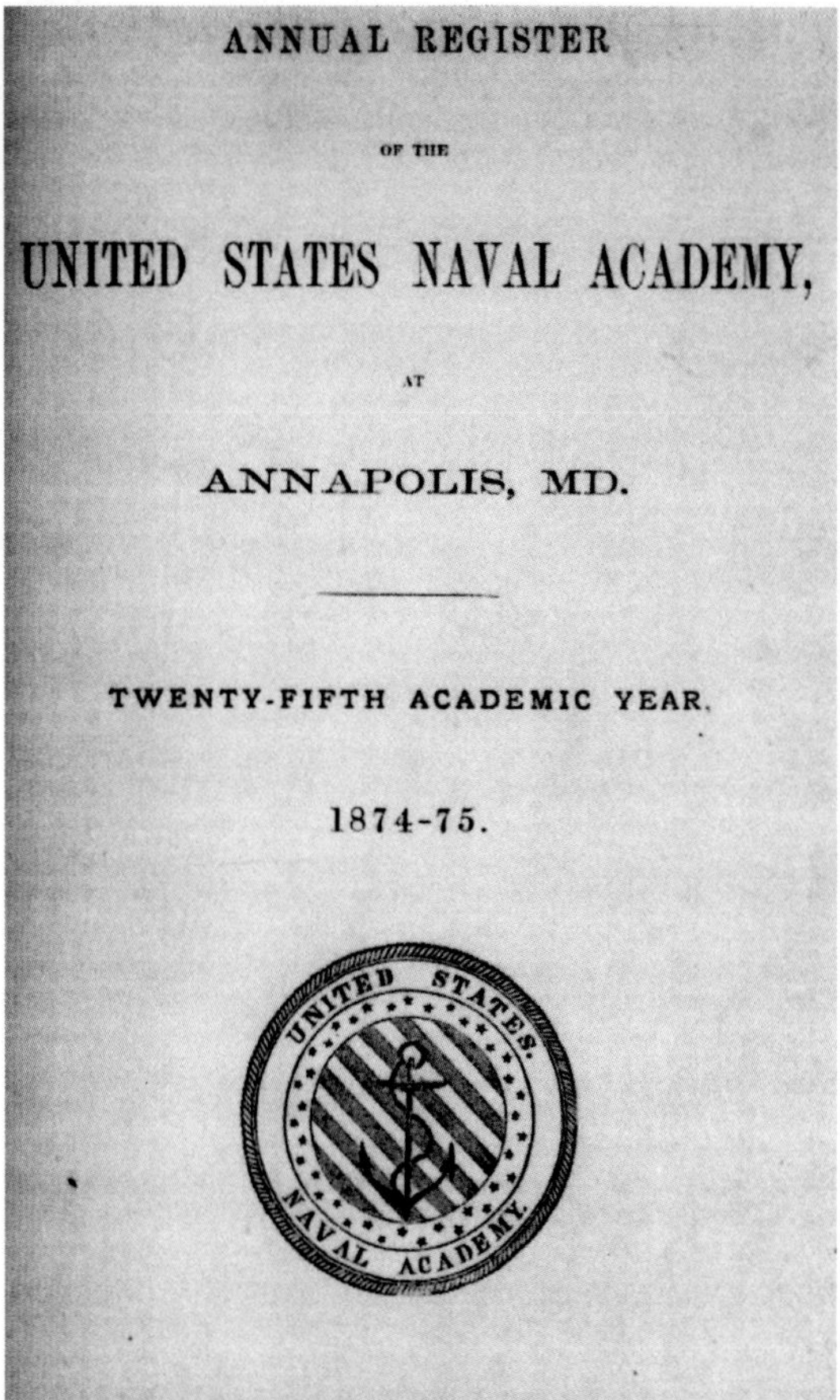

アナポリス海軍兵学校年鑑

こうした厳しい日常生活のルールに加え、グラマースクールで勉強した語学力くらいでは、到底アナポリス海軍兵学校の多くの専門学科を理解することは難しい。グラマースクールの学習から、一気にここに適応できるくらいまで成績を上げなければならなかった。彼らには、相当な努力と理科系の才能と相応の語学力が求められたことだろう。

四号生徒（一年生）の日本人は啓次郎一人で、勝小鹿と国友次郎の二人が三号生徒（二年生）に在籍していた。啓次郎の一八七四年（明治七年）五月の試験の成績は、九十八人中三十五番だった。

啓次郎は、数学は得意だったがフランス語は不得意だったようだ。ずば抜けた高得点は残せていないものの、四号生徒時の成績は非常に優秀だった。三号生徒の成績はおそらく各科目での順位と思われるが、四号生徒の時に比べて成績が落ちていて、これが後の退学後の再入学を望む時に提出した、嘆願書に書かれている文言につながっていると思われる。

学年は、六月十日に修了し、三号生徒に進級する。そしてサマークルーズ（夏期航海訓練）が六月十三日から九月二十二日まで行なわれ、その航海訓練の記録が残っている。

啓次郎の三号生徒の成績表はあるが中間試験の成績であり、期末試験に関しては、成績表には名前はあるが成績はなぜか空欄になっている。

UNITED STATES NAVAL ACADEMY.

Merit-roll of the Fourth Class, (98 members,) annual examination, May, 1874.

REGISTER OF THE UNITED STATES NAVAL ACADEMY. 39

	Names in order of annual merit.	State.	Date of admission.	Age at date of admission. Years.	Months.	Mathematics. 120	Grammar. 30	History and Composition. 42	French. 24	Conduct. 15	Aggregate. 231
1	**William F. Fullam**	New York	Sept. 24, 1873	17	11	117.38	29.73	42.00	21.87	14.87	225.85
2	**Horace M. Witzel**	Wisconsin	June 5, 1873	15	14	120.00	29.45	40.34	20.16	14.01	223.96
3	**Albert G. Winterhalter**	Michigan	Sept. 22, 1873	16	11	113.44	29.18	38.68	23.79	14.39	219.48
4	**August F. Fechteler**	New York	June 5, 1873	15	0	118.69	26.44	37.58	23.15	11.33	217.19
5	**James H. Oliver**	Georgia	June 12, 1873	16	0	112.13	25.89	38.32	23.36	13.55	213.25
6	William V. Bronaugh	Kentucky	June 5, 1873	17	9	116.07	26.99	39.42	17.28	12.26	212.02
7	George F. Ormsby	Ohio	Sept. 24, 1873	17	4	108.20	27.53	41.26	18.03	14.16	209.18
8	Valentine S. Nelson	Tennessee	June 6, 1873	17	5	100.51	25.67	39.79	16.75	14.61	205.76
9	John M. Orchard	Missouri	June 11, 1873	15	9	114.75	26.71	30.58	16.96	11.21	200.21
10	Frank M. Bostwick	Wisconsin	Sept. 26, 1873	16	5	99.67	27.26	36.47	21.55	12.77	197.72
11	John N. Jordan	Maine	June 5, 1873	17	8	106.89	23.79	37.21	11.84	12.95	192.86
12	Charles S. Williams	Wisconsin	June 12, 1873	16	9	110.82	19.59	35.74	15.04	11.18	192.37
13	Henry C. Jones	Maine	Sept. 26, 1873	17	1	82.62	30.00	40.89	22.08	14.85	190.44
14	William G. David	New York	Sept. 25, 1873	17	2	97.70	27.81	33.37	15.79	13.14	189.81
15	Omenzo G. Dodge	Kansas	June 13, 1873	17	0	104.92	21.78	34.26	13.97	14.67	189.60
16	Lyman B. Messinger	Massachusetts	Sept. 26, 1872	16	7	104.92	22.65	27.26	22.83	11.10	188.16
17	Edward E. Wright	Massachusetts	Sept. 20, 1873	17	0	76.72	28.36	40.34	20.69	14.60	180.71
18	Arthur W. Dodd	Indiana	June 6, 1873	16	10	99.67	25.34	21.37	18.24	14.06	178.68
19	Benjamin W. Hodges	Mississippi	Sept. 23, 1873	17	5	79.34	28.63	30.05	17.28	14.31	178.61
20	Alfred Jeffries	Texas	June 9, 1873	17	9	92.46	20.14	33.16	16.43	14.79	176.98
21	Selim E. Woodworth	At large	Sept. 30, 1872	15	5	85.90	22.60	33.53	24.00	10.80	176.83
22	Albert Gleaves	Tennessee	June 10, 1873	15	5	90.49	26.16	35.00	12.48	12.35	176.48
23	David W. Jones	Ohio	June 8, 1872	16	7	95.08	17.12	29.11	22.40	11.31	175.02
24	William B. Osterhout	Pennsylvania	June 12, 1872	17	8	101.64	12.74	29.47	18.88	10.88	173.61
25	Albert N. Wood	Indiana	Sept. 24, 1873	16	6	85.90	24.52	36.11	13.76	11.31	171.60
26	James P. Parker	North Carolina	June 6, 1873	17	8	71.48	28.90	36.84	18.88	14.67	170.77
27	Fletcher Hodges	Georgia	June 5, 1872	16	8	82.62	22.33	33.89	19.41	11.84	170.09
28	William Green	Texas	June 13, 1873	15	11	67.54	25.62	37.95	22.40	14.27	167.78
29	Hiero Taylor	Illinois	Sept. 29, 1873	17	0	88.52	23.70	23.95	15.79	12.72	164.68
30	Thomas M. Brumby	Georgia	Sept. 26, 1873	17	10	78.03	23.42	34.63	14.29	14.13	164.50
31	James D. Sheeks	Texas	Sept. 24, 1872	15	0	90.49	15.75	25.05	20.16	(10.47)	161.92
32	Albert W. Grant	Wisconsin	June 9, 1873	17	1	93.77	14.11	24.32	11.84	13.37	157.41
33	Harry W. Donbaugh	Ohio	June 6, 1872	16	4	96.39	16.03	20.63	10.99	12.42	156.46
34	Walter M. Constant	Indiana	June 13, 1873	16	3	73.44	20.96	31.68	14.72	14.10	154.90
35	Keizero Machida	Empire of Japan	Oct. 14, 1873	16	4	102.95	10.27	18.79	(7.79)	11.33	151.13
36	William S. Benson	Georgia	Sept. 21, 1872	16	11	69.51	22.88	27.63	15.79	13.89	149.70
37	Jonathan K. Brice	Ohio	June 13, 1873	17	8	75.41	23.15	23.58	12.48	11.31	145.93
38	Horace W. Harrison	At large	Sept. 24, 1872	16	9	52.46	24.25	32.42	23.57	10.58	143.28
39	William C. Riorden	Nevada	Sept. 24, 1873	16	9	44.59	28.08	41.63	18.88	(9.86)	143.04
40	Russel C. Paris	New York	Sept. 23, 1873	14	1	80.66	17.67	(11.42)	17.71	14.22	141.68
41	Frank B. Case	Michigan	June 7, 1873	15	7	85.99	14.66	17.32	8.00	12.08	137.96
42	Percival J. Werlich	Wisconsin	June 16, 1873	16	4	65.57	17.95	32.79	8.21	12.15	136.67
43	Frank S. Buckley	Michigan	Sept. 26, 1873	15	11	63.61	21.51	22.47	10.13	13.80	131.52
44	Arthur B. Frenzel	Massachusetts	June 7, 1872	17	7	65.57	11.40	21.00	21.55	(10.32)	129.54
45	Oliver J. Schoolcraft	Virginia	June 5, 1873	17	10	42.62	29.68	30.95	21.19	13.26	128.57
46	William R. Rush	Louisiana	June 6, 1872	14	8	73.44	11.37	16.58	15.79	10.50	127.68
47	Frank R. Heath	At large	Sept. 23, 1873	16	4	55.08	14.78	23.21	20.69	14.28	127.64
48	John H. McNasser	Wyoming Territory	June 8, 1872	15	0	57.05	12.19	24.68	19.41	12.45	125.78
49	Herbert O. Dunn	Rhode Island	June 6, 1873	16	0	43.18	20.41	30.21	11.20	14.18	125.18
50	William L. Burdick	Ohio	Sept. 26, 1873	16	9	52.46	18.22	26.89	13.12	13.37	124.06
51	Henry H. Rogers	Illinois	June 13, 1873	17	9	44.59	24.79	26.53	13.44	14.39	123.74
52	Philip V. Lansdale	At large	June 6, 1873	15	3	59.67	13.84	25.42	9.60	15.00	123.53
53	George W. Denfeld	Massachusetts	Sept. 26, 1873	17	1	60.98	15.21	22.11	11.84	13.35	123.49
54	William F. Endress	New York	Sept. 25, 1873	17	1	46.56	21.22	29.84	10.35	14.67	122.65
55	Thomas B. Maynadier	At large	June 10, 1872	16	9	58.36	10.82	22.84	20.16	(10.31)	122.49
56	Simon Cook	Missouri	June 6, 1873	16	11	69.51	11.90	(13.63)	12.48	14.85	122.39
57	Lewis C. Fletcher	Pennsylvania	June 14, 1873	16	1	62.30	10.55	19.16	14.72	12.65	119.38
58	Harry C. Wakenshaw	New Jersey	June 10, 1873	16	6	38.69	19.86	31.32	14.29	14.18	118.34
59	Arthur B. Tracy	New York	June 5, 1873	15	10	(33.13)	18.49	28.37	22.83	14.34	116.16
60	Thomas W. Ryan	Pennsylvania	June 13, 1873	16	11	(37.38)	16.85	28.00	21.12	12.74	116.09
61	John C. Wilson	New York	Sept. 25, 1873	16	3	43.18	15.48	16.21	18.45	10.64	109.96
62	Frank W. Toppan	Massachusetts	Sept. 22, 1873	17	9	49.12	14.93	18.42	11.41	14.19	108.13
63	Charles R. Atwater	New York	Sept. 24, 1873	16	3	(36.07)	19.32	28.74	9.92	14.61	108.06
64	William C. Canfield	At large	Sept. 23, 1873	16	1	(29.51)	18.77	32.05	13.41	13.97	107.74
65	Mark C. Castle	Minnesota	Sept. 29, 1873	16	9	55.08	16.30	15.84	8.43	10.74	106.39
66	Austin D. Carrington	Virginia	Sept. 24, 1873	17	5	(30.82)	16.58	21.74	16.43	12.20	97.77
67	Jonathan W. Albertson	North Carolina	June 5, 1872	15	5	(34.10)	11.64	29.26	19.73	11.42	97.15
68	John H. Dykeman	Iowa	June 5, 1873	17	5	40.66	(9.73)	18.05	9.28	12.66	90.38
69	Benjamin W. Parker	Maine	Sept. 25, 1873	17	0	(40.66)	13.01	15.17	9.60	(10.40)	89.14
70	George H. Hess	Michigan	Sept. 23, 1873	17	7	(28.20)	10.60	26.16	8.96	12.21	85.53

THE UNITED STATES NAVAL ACADEMY.

CADET-MIDSHIPMEN]

20 REGISTER OF T[HE UNITED STATES NAVAL ACADEMY.]

Third Class—64 members.

Order of annual merit.	Name.	State.	Date of admission.	Age at date of admission. Years.	Months.	Order of merit. Mathematics.	Grammar.	History.	French.	No. of Demerits.	Sea-service. Months.	Days.
22	Gleaves, Albert	Tennessee	June 10, 1873	15	5	23	15	20	24	177	3	8
32	Grant, Albert Weston	Wisconsin	June 9, 1873	17	1	21	50	49	57	160	3	8
28	Green, William	Texas	June 13, 1873	16	11	41	17	12	8	49	3	8
38	Harrison, Horace Williford	At large	Sept. 24, 1872	16	9	52	22	27	3	285	3	8
46	Heath, Frank Rives	At large	Sept. 23, 1873	16	4	50	58	52	16	48	3	8
27	Hodges, Fletcher	Georgia	June 5, 1872	16	8	29	29	23	22	211	3	8
19	Hodges, Benjamin Ward	Mississippi	Sept. 23, 1873	17	5	32	6	9	32	46	3	8
§	Horton, Cyrus William	New York	June 12, 1872	16	11	.....	.....	.....	.....	.....	3	18
20	Jeffries, Alfred	Texas	June 9, 1873	17	9	22	37	25	36	14	3	8
23	Jones, David Warren	Ohio	June 8, 1872	16	7	20	48	36	8	246	3	8
13	Jones, Henry Champion	Maine	Sept. 26, 1873	17	1	29	1	4	10	10	3	8
11	Jordan, John Newell	Maine	June 5, 1873	17	8	11	23	14	57	137	3	8
51	Lansdale, Philip Van Horne	At large	June 6, 1873	15	3	47	60	46	68	0	3	8
35	Machida, Keizero	Empire of Japan	Oct. 14, 1873	16	4	14	73	64	77	245	3	8
§	Macomb, Augustus Canfield	Kentucky	Sept. 24, 1872	17	11	.....	.....	.....	.....	.....	3	18
54	Maynadier, Thomas Barker	At large	June 10, 1872	16	9	48	71	53	18	313	3	8
47	McNasser, John Henry	Wyoming	June 8, 1872	15	0	49	66	48	22	170	3	8
16	Messenger, Lyman Bernardo	Massachusetts	Sept. 26, 1872	16	7	12	30	41	6	260	3	8
8	Nelson, Valentine Sevier	Tennessee	June 6, 1873	17	5	9	19	7	35	24	3	8
5	Oliver, James Harrison	Georgia	June 12, 1873	16	0	7	16	11	4	97	3	8
9	Orchard, John Madison	Missouri	June 11, 1873	15	9	5	13	32	34	251	3	8
7	Ormsby, George Francis	Ohio	Sept. 24, 1873	17	4	10	10	3	29	56	3	8
24	Osterhout, William Bigler	Pennsylvania	June 12, 1872	17	8	15	64	35	24	275	3	8
39	Paris, Russel Clark	New York	Sept. 23, 1873	14	1	31	46	84	30	52	3	9
26	Parker, James Philip	North Carolina	June 6, 1873	17	8	38	5	15	24	22	3	8
§	Poland, Edward Rowell	Vermont	Sept. 21, 1871	16	6	.....	.....	.....	.....	.....	6	6
50	Rogers, Henry Horace	Illinois	June 13, 1873	17	9	58	20	43	50	41	3	8
45	Rush, William Rees	Louisiana	June 6, 1872	14	8	36	69	70	38	300	3	8
44	Schoolcraft, Oliver Johnson	Virginia	June 5, 1873	17	10	60	35	31	13	120	3	8
31	Sheeks, James David	Texas	Sept. 24, 1872	15	0	23	53	47	18	302	3	8
29	Taylor, Hiero	Illinois	Sept. 29, 1873	17	0	25	24	50	38	152	3	8
58	Toppan, Frank Winship	Massachusetts	Sept. 22, 1873	17	9	54	56	65	60	54	3	8
57	Wakenshaw, Harry Charles	New Jersey	June 10, 1873	16	6	63	38	30	46	55	3	8
41	Werlich, Percival Julius	Wisconsin	June 16, 1873	16	4	42	45	26	75	100	3	8
12	Williams, Charles Sumner	Wisconsin	June 12, 1873	16	9	8	39	18	43	255	3	8

REGISTER OF THE UNITED STATES NAVAL ACADEMY. 21

77 啓次郎の四号生徒（一年生）時の成績（上）と三号生徒（二年生）時の成績（下）

〈夏期航海訓練の名簿とその成績〉

啓次郎は三号生徒として航海訓練に参加している。啓次郎の名前は最下段に見ることができ、成績表の下から六行目に彼の名前を見ることができる。

SUMMER CRUISE, 1874.

OFFICERS AND CADET-MIDSHIPMEN

ATTACHED TO THE

UNITED STATES PRACTICE-SHIP CONSTELLATION.

Capt. K. RANDOLPH BREESE, *Commanding.*
Lieut.-Commander P. H. COOPER, *Executive Officer.*
Lieut.-Commander P. F. HARRINGTON, *Navigator.*
Lieut.-Commander A. G. CALDWELL, *Instructor in Navigation.*
Lieut.-Commander JOHN SCHOULER, *Senior Watch-Officer.*
Lieut. W. H. BROWNSON, *Watch-Officer.*
Lieut. ASA WALKER, *Watch-Officer.*
Lieut. E. D. F. HEALD, *Watch-Officer.*
Surgeon J. H. TINKHAM.
Acting Assistant Surgeon W. J. CRONYN.
Paymaster J. A. SMITH.
Chaplain J. R. MATTHEWS.
First Lieutenant D. P. MANNIX, U. S. M. C.
Captain's clerk, C. M. McLEOD.
Paymaster's clerk, F. C. ADAMS.
Boatswain, A. MILNE.
Gunner, R. SOMMERS.

CADET-MIDSHIPMEN.

First Class, (36.)

C. H. Amsden.	D. Daniels.	H. J. Hunt.	George Stoney.
F. E. Beatry.	R. M. Doyle.	R. Hunt.	R. H. Townley.
E. D. Bostick.	F. F. Fletcher.	A. E. Jardine.	N. R. Usher.
W. B. Caperton.	J. M. Helm.	C. Laird.	F. B. Vinton.
F. S. Carter.	H. M. Hodges.	J. S. Manley.	H. C. White.
F. W. Coffin.	A. C. Hodgson.	C. M. McCartney.	A. W. Wills.
F. S. Collins.	H. H. Hosley.	A. Sharp.	C. M. Winslow.
C. A. Corbin.	A. L. Howe.	J. A. Shearman.	M. L. Wood.
W. G. Cutler.	W. S. Hughes.	J. T. Smith.	G. H. Worcester.

Second Class, (14.)

D. R. Case.	H. C. Gearing.	S. B. Mallory.	A. W. Rollins.
W. J. Chambers.	A. L. Hall.	R. T. Mulligan.	F. H. Sherman.
A. E. Culver.	W. G. Hannum.	C. F. Pond.	W. L. Varnum.
G. C. Foulk.	R. Henderson.		

Third Class, (67.)

W. S. Benson.	J. H. Dykeman.	P. V. Lansdale.	O. J. Schoolcraft.
F. M. Bostwick.	W. F. Endress.	J. A. Lockwood.	W. Sencerbox.
J. K. Brice.	A. F. Fechteler.	R. H. Lull.	J. D. Sheeks.
W. V. Bronaugh.	L. C. Fletcher.	K. Machida.	B. W. Taylor.

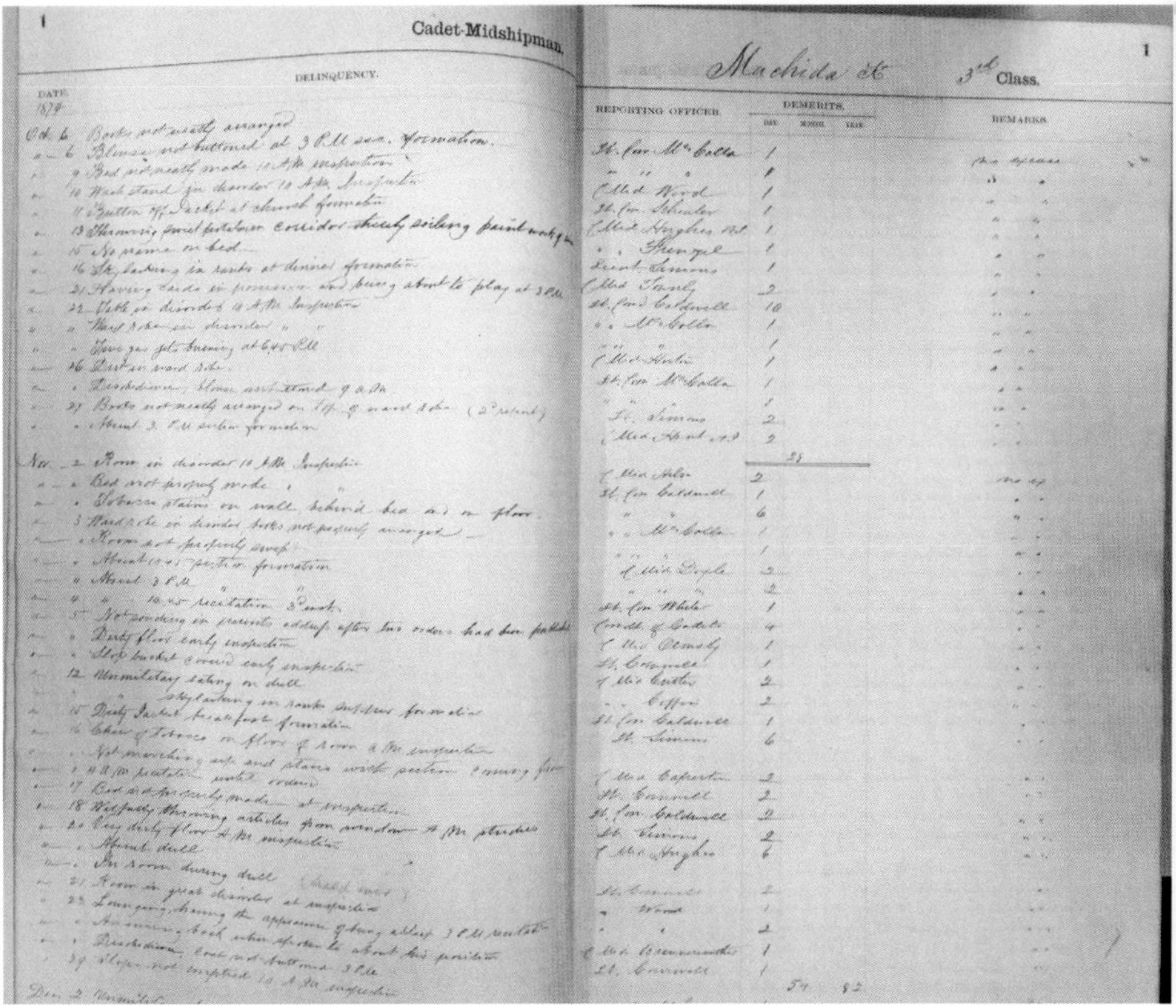

〈啓次郎の行動記録〉

海軍兵学校の規則は厳しく、一人ひとりの行動記録がアナポリス海軍兵学校年譜に細かく記録されている。

啓次郎については二百四十五項目ものデメリット、ペナルティーなどが記載されている。

「ベッドをきれいにしていない」や「制服が乱れている・汚れている」「ミーティングに遅れた」等、啓次郎については多くの規則が守れていないとの記載がある。しかし、兵学校での生活に慣れるうちにそれらのミスは少なくなっていったようだ。また啓次郎は、飲酒・喫煙・噛みタバコなどで何度か注意を受けている。

注意を受ける回数が多くなると退学につながったようである。

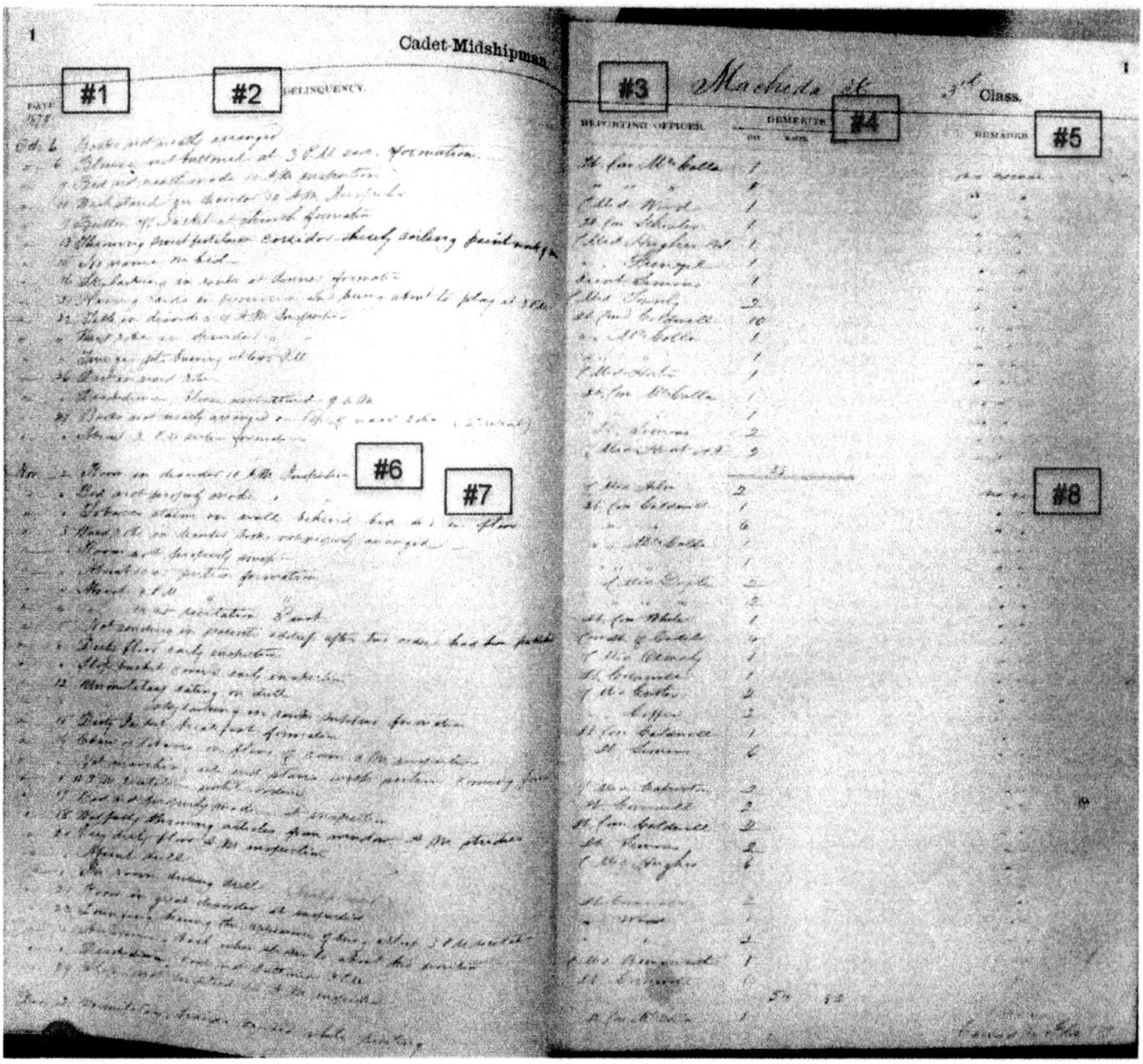

#1 日付　　　#2 非行　　#3 報告者　　　#4 罰点　　#5 備考

#6 （Nov.の１行目）

Nov. 2 Room in disorder 10 A.M. inspection

１１月２日　午前１０時の点検にて部屋散乱

#7 （Nov.の３行目）

" " Tobacco stains on small behind bed and on floor

〃　〃[１１月２日]　タバコの痕が小さくベッド裏および床にあり

#8 言訳なし

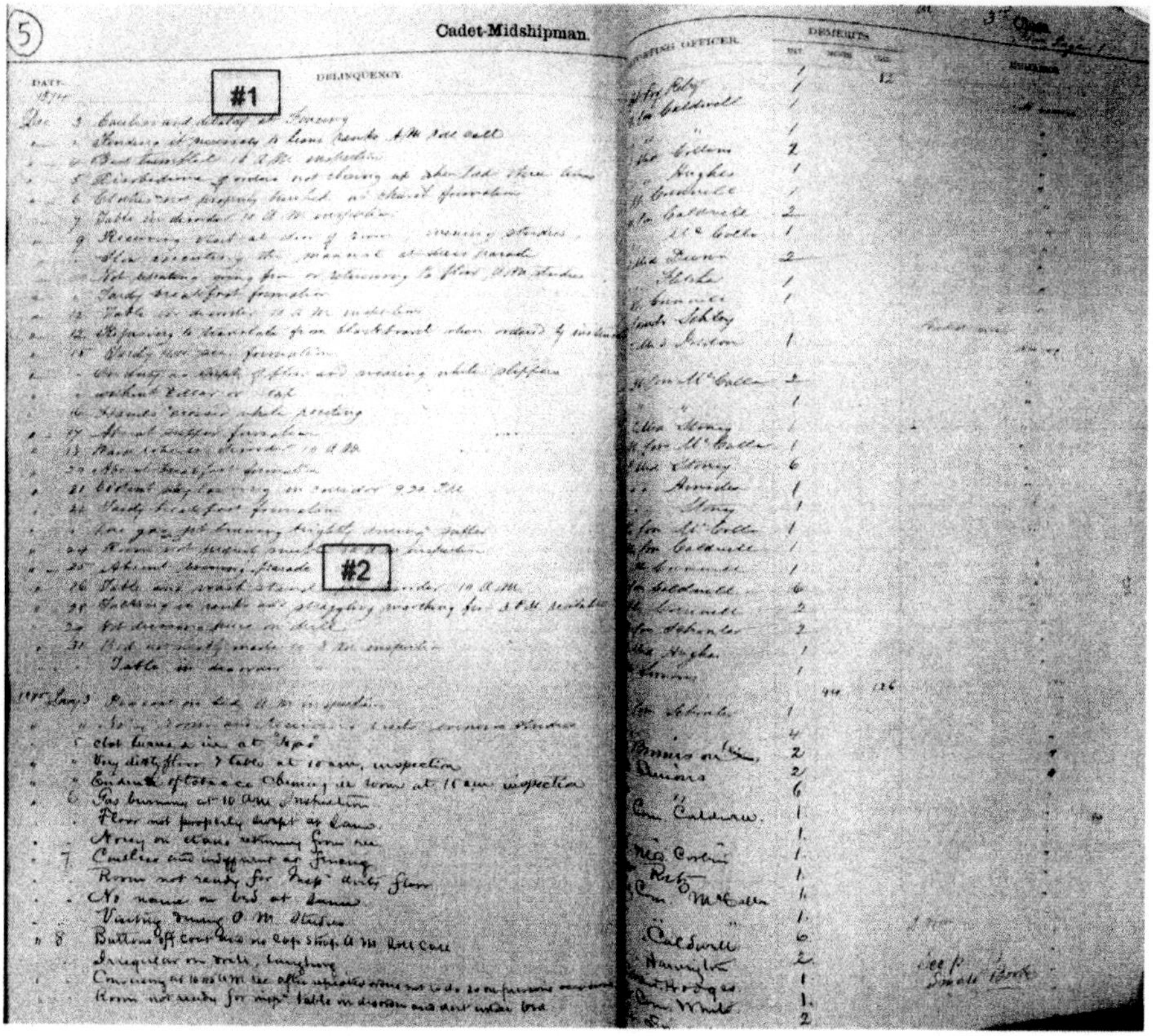

#1 （Dec.の１行目）

Dec. 3 bowless and dilatory at Fencing

１２月３日　フェンシングで一礼なし、動作緩慢

#2 （Dec.の下から６行目）

" 25 Absent evening parade

〃［１２月］２５日　夜の観兵式を欠席

一八七五年（明治八年）、啓次郎は結局アナポリス海軍兵学校を中途退学している。その退学にはどのような経緯があったのか。

啓次郎は同年一月に退校願を提出しているが、その退校願の資料は海軍兵学校には残されていない。

勝小鹿と啓次郎は同じ時期に成績が悪くて退学させられている。

しかし、この後に残されている啓次郎の書簡では、退校させられたのではなく「三号生徒時の成績が振るわず、自分から退学を願い出た」と書かれている。また、アナポリス海軍兵学校には「啓次郎を退学させた」という資料も残されていない。

日本政府としては、アメリカとの交渉で、五、六名の留学生のアナポリス海軍兵学校入学を取り付けた経緯があり、また日本の国防のために海軍を増強する必要があったので何としても卒業させたいという意向があり、二人の再入学に手を尽くしている。

しかし、すでに示したように、アナポリス海軍兵学校に在籍した日本人十七名のうち七名しか卒業していない。専門教科の多さに加えて規律校則の厳しさもあったからだろうか。特に専門科目では、専門用語の習得が不可欠であり、横井佐平太（肥後藩）が書き残しているように、英語力不足が中途退学に繋がった。

吉田清成（薩摩藩士　アメリカ駐在公使）は、その後海軍省と交渉し、勝小鹿と啓次郎二人の再入学の許可をとっている。

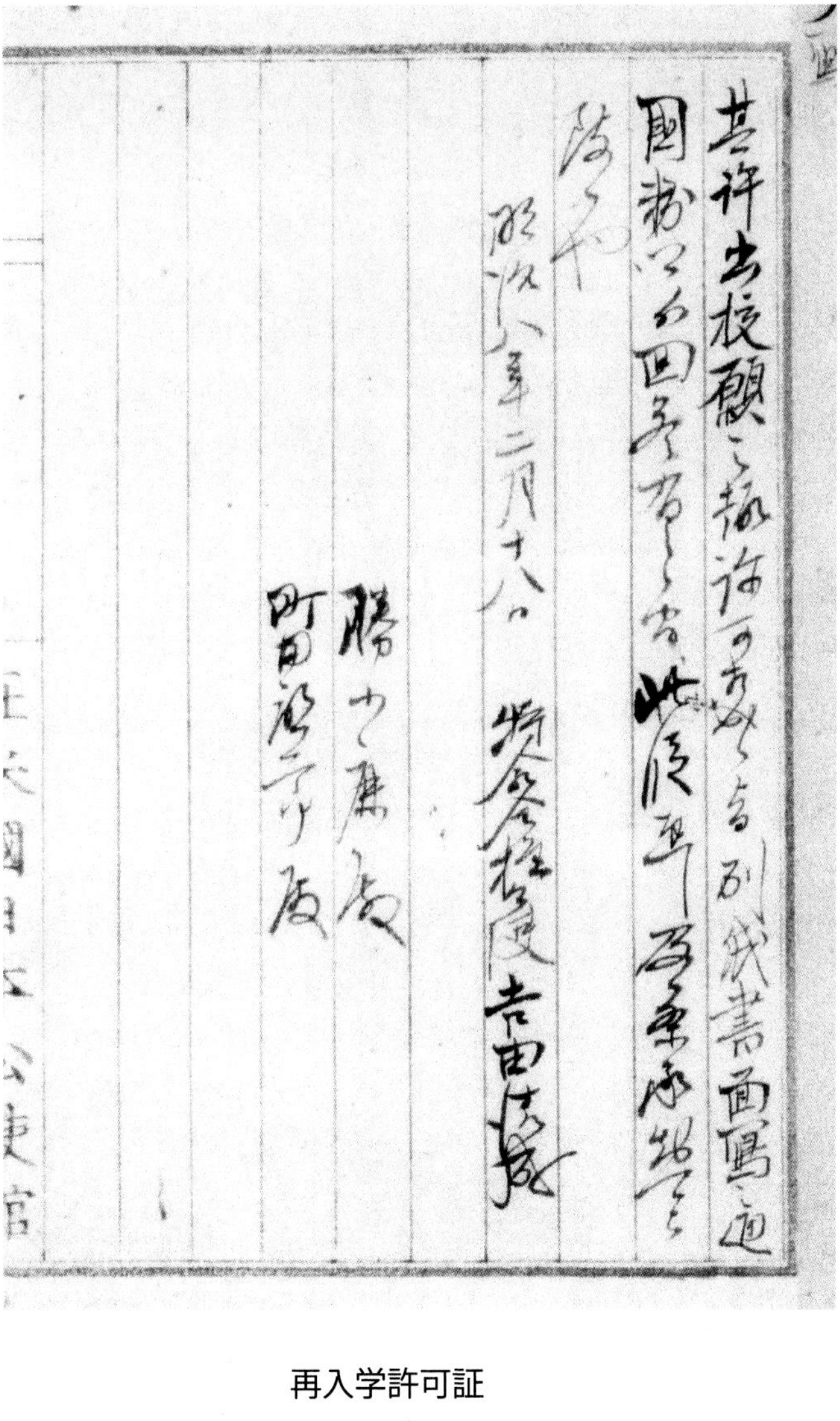
明治八年二月十八日
吉田清成
勝小鹿殿
町田啓次郎殿
在米国日本公使館

再入学許可証

一八七五年二月六日に、アメリカ国務省は海軍兵学校校長に対して、勝小鹿と啓次郎の再入学の許可をしたことを通達している。

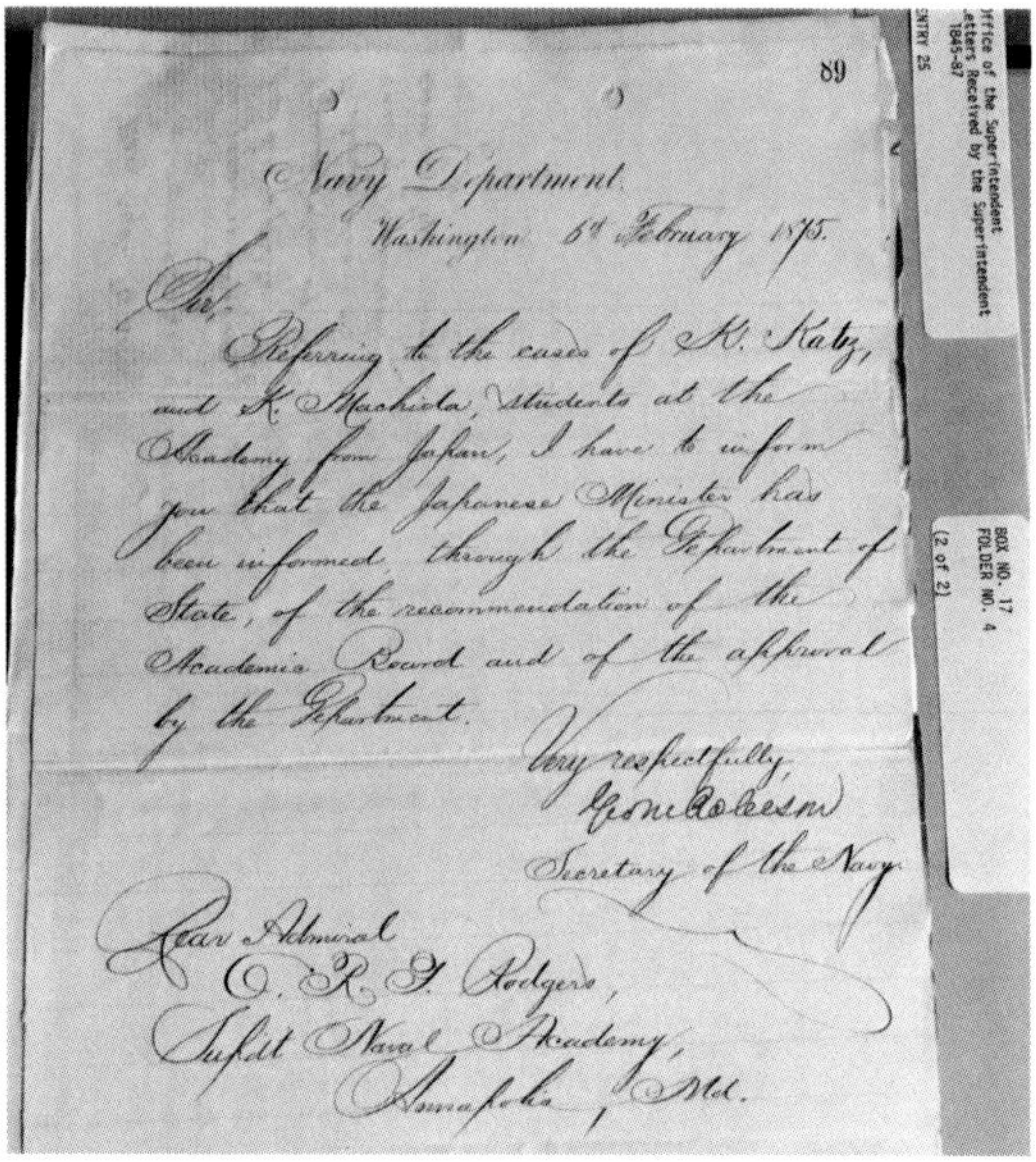

Navy Department
Washington 6th February 1875

Sir,
Referring to the cases of K. Katz, and K. Machida, students at the Academy from Japan, I have to inform you that the Japanese Minister has been informed, through the Department of State, of the recommendation of the Academic Board and of the approval by the Department.

Very respectfully,
G. M. Robeson
Secretary of the Navy

Rear Admiral
C. R. P. Rodgers,
Supdt Naval Academy,
Annapolis, Md.

海軍省
ワシントン、１８７５年２月６日

拝啓
日本からの兵学校学生、勝小鹿および町田啓次郎の件に関し、国務省より日本公使に対して、教学委員会(Academic Board)はこれを推薦し、国務省も受け入れることを通知しましたので、お知らせ致します。

敬具
G. M. ロブソン
海軍長官

海軍少将
C. R. P. ロジャース殿
海軍兵学校校長
メリーランド州アナポリス

しかし、その十日後の二月十六日にアメリカ国務省は、「日本の国務省から、勝小鹿と啓次郎が退学を希望しているので、退学の許可をいただきたい」と海軍兵学校校長に書簡を送っている。

再入学の書簡と退学を促す書簡にはたった十日間だけの時間の猶予しかない。なぜその間に状況が変化したのか、その内容はどうにも理解しがたく不思議に思える。

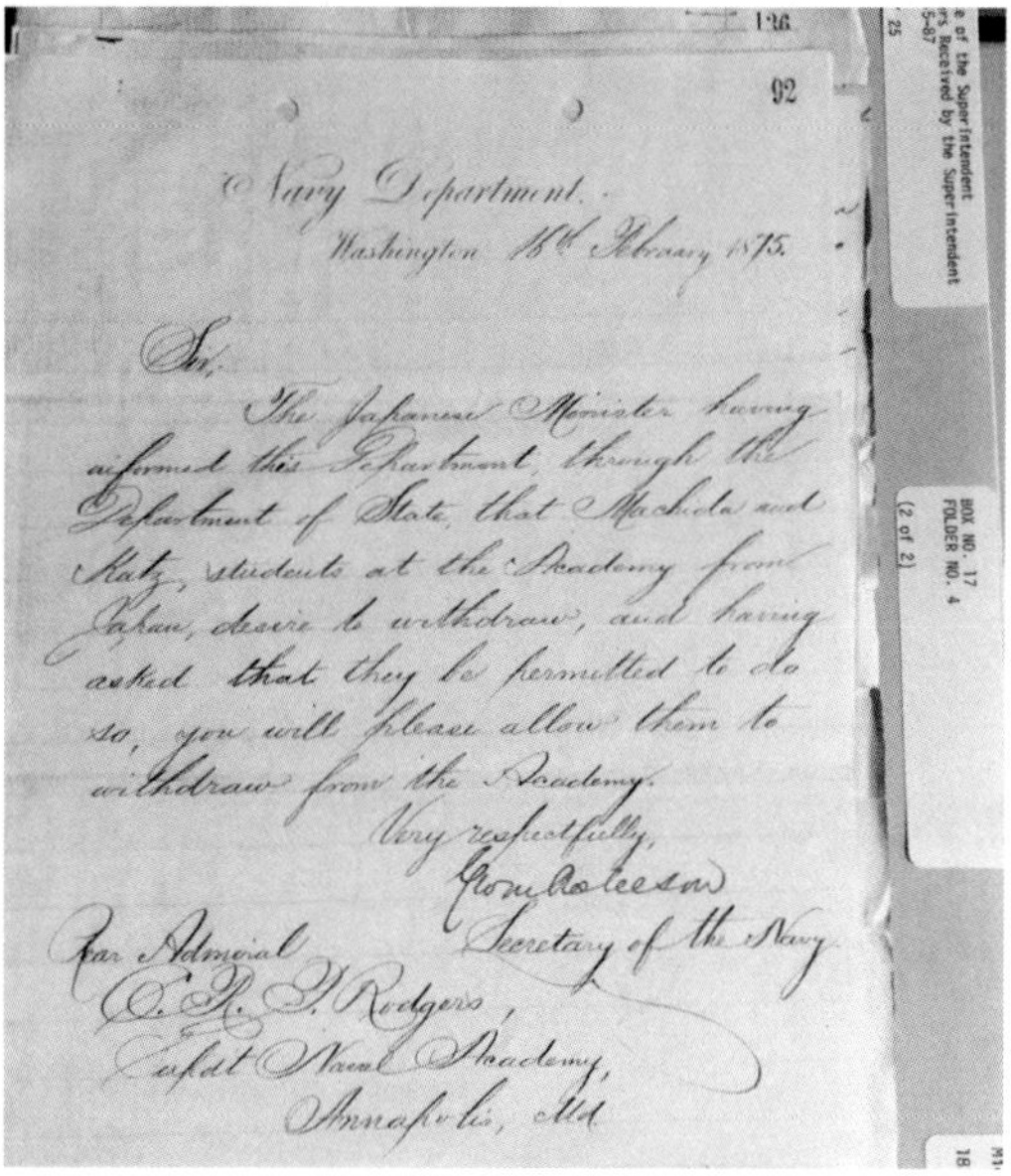

Navy Department,
Washington 16th February 1875
Sir,

The Japanese Minister having informed this Department, through the Department of State, that Machida and Katz, students at the Academy from Japan, desire to withdraw, and having asked that they be permitted to do so, you will please allow them to withdraw from the Academy.

Very respectfully,
G. M. Robeson
Secretary of the Navy

Rear Admiral
C. R. P. Rodgers,
Supdt Naval Academy
Annapolis, Md.

海軍省
ワシントン、１８７５年２月１６日

拝啓

日本公使より国務省を通じて本省に、日本からの兵学校学生、町田［啓次郎］および勝［小鹿］が退学を希望しており諾否の問合せがあった旨の通知があり、この者の兵学校からの退学を許可頂きたく存じます。

敬具
G．M．ロブソン
海軍長官

海軍少将
C．R．P．ロジャース殿
海軍兵学校校長
メリーランド州アナポリス

啓次郎は、一月に海軍兵学校に退学願を提出すると、アナポリスを出てニューヘイブンに帰っている。（海軍兵学校には啓次郎が提出した退学願は残っていない）

ニューヘイブンは、啓次郎がアメリカに来て最初に滞在した町である。グアンネームの屋敷に寄宿し、グラマースクールで勉強している。彼にとって一番愛着があり、心休まる町だったのだろう。

啓次郎は再入学に関して、ニューヘイブンから吉田清成と手紙のやり取りをしている。

〈啓次郎・吉田清成関係書簡〉

(75) 3月9日

New Haven Conn.
March 9th

H. E Yoshida
Sir
I was informed by katz that I could be allowed to have my salary of the months April,May June now.
Will you be so kind as to tell Mr.Tomita the consul so? I wish to draw the salary now.
As I once informed your excellency it is my wish that I should be allowed to enter the Academy in September .I wish to enter the 2nd class.
Please arrange this with the navy Deptment of this government (United states)prior to The 15th of September next

Very respectfully
Keijiro Machida

To
H .E. Yoshida
Minister of Japan

My address
K .Machida
172 George St
New Haven Conn

吉田閣下
拝啓
4・5・6月の俸給を頂けるかもしれないとの旨を勝［小鹿］殿より伺いました。
富田［鐵之助］様にそのことをお伝えくださいますでしょうか。すぐに俸給の引き出しをいたしたく存じます。
閣下にはすでにお伝えいたしましたが、9月に兵学校に入学させて頂きたく考えております。
3年次に編入を希望しております。
来る9月15日までに、政府（米国）海軍省にその旨をお取り計らい頂けますでしょうか。
敬具
町田啓次郎

(75) 3月29日

New haven ct
March 29

Mr.yoshida :
Dear sir:
I have no words to express my gratitude for your kindness in lending me$30 when I was in great need of it.
I have told you that I would return the debt from New York.
I am ashamed as well as a thousand time sorry that I did not do as I said.
I ask your pardon.
Now I am able to return the sum to you enclosed in this letter.
Please be kind enough to let me know at once whether there is any hope of my going Back to the academy at Annapolis next September.
You must know or gues qoite right for it depends upon the manner expressed in your letter to the navy dept of our government in regard to us .

Yours truly
K・Machida

拝啓
大変入用の折にご親切にも30ドルをご用立てくださいまして、感謝しております。

ニューヨークから借金をお返しする旨申し上げましたが、そのとおりにお返しできなかったこと、慚愧に堪えず、深くお詫び申し上げます。申し訳ありません。

ようやく閣下に満額お返しできますので、本状に同封いたします。

もし次の9月にアナポリス海軍兵学校に戻れる見込みがわずかでもありましたら、直ちにお知らせくだされば幸いに存じます。

こちらの政府の海軍省に宛てた閣下の書状でどのようにお伝えくださったかにより、概ねご判断もしくはご推察なされうるかと存じます。

敬具
町田啓次郎

書簡には啓次郎のニューヘイブンの住所が書かれている。この書簡からも、啓次郎は退学願を提出してニューヘイブンに帰ったことは間違いないだろう。

三月九日の書簡では「九月に三年生として再入学をお願いしたい」と書かれており、その二十日後の三月二十九日の書簡では「もし九月に海軍兵学校に戻れる見込みが少しでもあるのなら、直ちに知らせてほしい」と書かれている。

四月二十八日の吉田清成から啓次郎宛てに送られた書簡では、「学校を訪ねて再入学を頼んでおいた」と書かれている。

それに対し啓次郎は、吉田清成に礼状を返している。

〈吉田清成書簡〉

昨日アナポリス海軍兵学校へ差越、アドミラル・ロジャールス基他之教師等と及び面会、貴公再入学之義致依頼置候。

アドミラル之申分に、再入校之上は学校規則を遵守するは勿論、教師之指図に違反せさる様いたしくれすしては、邂逅学業相授候甲斐も無之なとと申居候。

尤当九月より入校候へは、充分修行之心組にて目今とても勉強いたし居候旨共申入置候。

勝小鹿義も入校許可相成、不日帰校の筈に有之候。国友次郎は干今勉強いたし居候事。

右用向まて早々頓首

一八七五年四月二十八日

吉田清成

町田啓次郎様

〈訳文〉

昨日アナポリス海軍兵学校に行き、アドミラル・ロジャールスやほかの教授陣と面会してあなたの再入学のことを頼んでおきました。

アドミラルは、再入学したら、学校の規則を遵守するのは勿論、教師の指図に違反しないようにしなければ、勉強を教える甲斐もないといっていました。

九月から再入校したら充分修行することは勿論で、今も勉強をしていますといっておきました。

勝小鹿も再入校の許可がおり、国友次郎はいますでに勉強しています。

一八七五年四月二十八日

吉田清成

〈啓次郎の礼状〉

(75) 年 4 月 30 日

New Haven　C t
April 30th

My dear　S ir:
Yours of the 28th is at hand. I am very grateful to you for informing of these facts.
I will now give you my parole in writing, that I will do my best to observe the regulations
Strictly and as to the studies I will promise you that I will do well.
I owe you,　S ir,　thanks, thousand thanks,
For the troubles and the kindness you have shown in this matter.
I say this cordially and with you will receive it so.
I can not say that, at the present, I am devoting myself to the studies connected with the
Navy, for I am taking advantage of this time to study some other objects but at the same
Time do not entirely neglect my professional studies.

I am
Your most humble servant
and friend
Machida

拝啓
28 日の手紙を頂戴いたしました。お知らせくださり誠にありがとうございます。
全力を尽くして規律を厳格に遵守し、学問につきましても必ず能くいたしますことを閣下にお約束する旨、ここに誓言いたします。
ご心配をおかけし、またその際に寛大にお取り計らい頂きましたことを閣下に大変感謝しありがたく存じます。現在はこの時間を利用して他のことをいくつか勉強しておりますので、海軍に関する学問に専念しているとは申せませんが、決して本分の勉強を疎かにしているわけではございません。

敬具

しかし日本の海軍省は、啓次郎差免の届けを一八七五年（明治八年）九月二日付で太政大臣三条実美に送っている。

〈海軍省の差免届〉

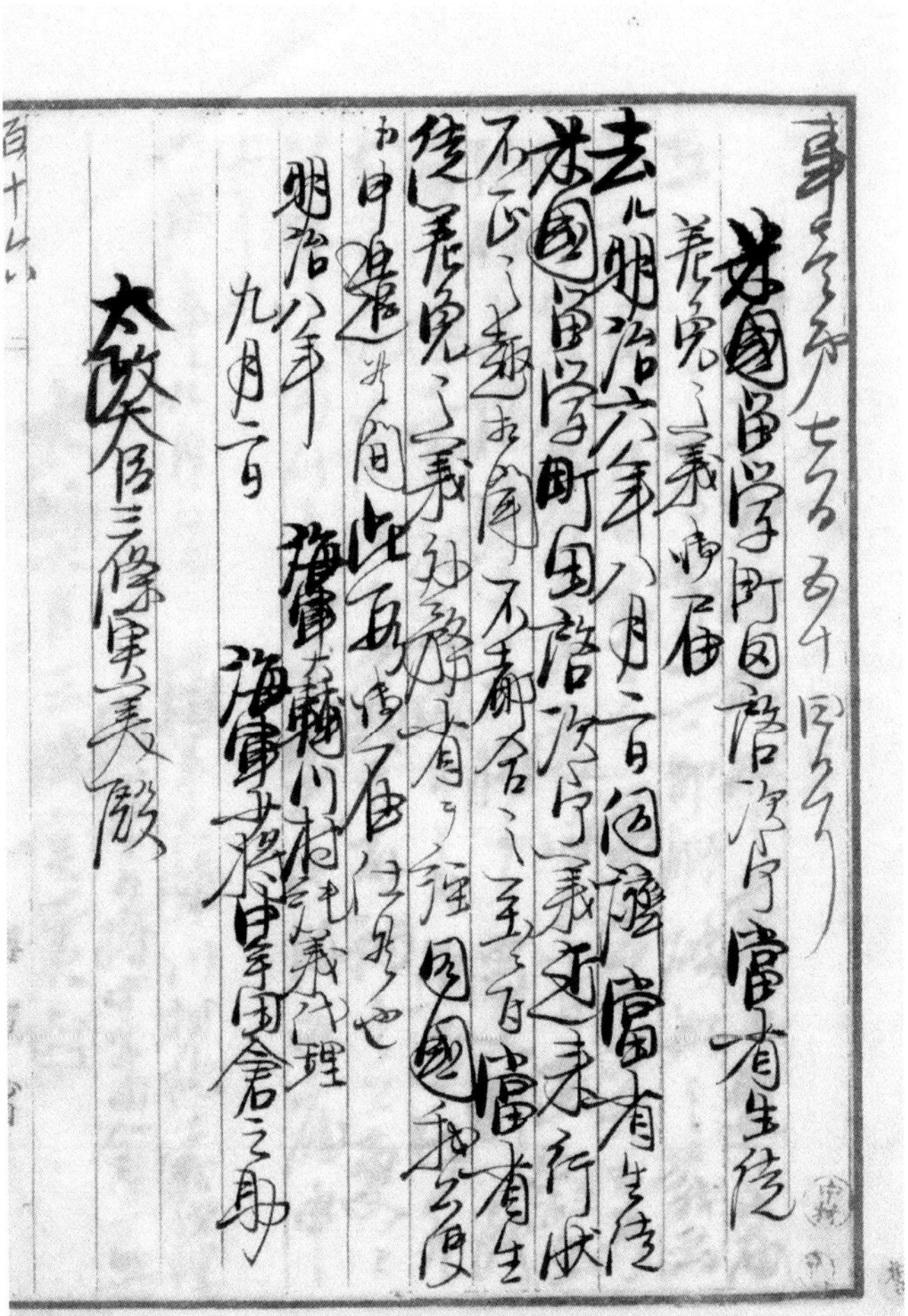

米国留学町田啓次郎当省生徒差し免ずる儀御届
「去る明治六年八月二日伺い済み、当省生徒米国留学町田啓次郎義、近来行状不正の趣相聞こえ不都合の至りに付き、当省生徒差し免ずる義、外務省を経、同国我公使へ申し遣わし候間、此の段御届け仕り候也。」

この書簡を受け取った吉田清成は、啓次郎に再入学の嘆願書を出すように伝えた。嘆願書に関しては、啓次郎が書いたのではなく、吉田清成自身が書いたのではないかともいわれている。

吉田の懸命な働きかけがあったことで、アメリカ海軍省は九月二十五日に啓次郎の再入学を許可している。

〈啓次郎の嘆願書（九月九日）〉

私儀曩キニ米国政府ニ於テアナポリス海軍学校ヘ入学
修業罷在候処去ル夏期試験之際学科中不充分之廉ア
ルヲ以テ退校仕リ候得共再ヒ入校成業仕度志願ニ有之
未引続キ学業ニ従事罷在ル処本月廿日頃より
同校開業之節ニ至リ候得ハ再ヒ入校相成候様米国政府
ヘ御照会下サレ度若シ許諾アラハ右ニ従テ進退ニ区モ無シ候得共再
入校之上ハ該校之学則並ニ一般之規則ヲ相守リ只管
勉励学業ヲ遂成シ期シ閣下ノ御配分ノ本意ニ副リ様
可致候此段奉願候也

明治八年九月九日

「私はアメリカ政府付属のアナポリス海軍兵学校で修行していましたが、試験の際学科中不充分な成績があり退校しました。しかし再び入校し勉強したいと志願していますので、引き続き学業に従事しているところです。そのような時、本月二十日ころから同校が授業開始のはずになっているので、再び入校が実現するように、当国政府へもご照会くだされますようお願いいたします。

もっとも、申すまでもなく再入校できましたら、当校の学則、ならびに一般の規則を守り、ひたすら勉励学業をやり遂げることを、閣下への紹介の本意に沿うようにいたします。

このことを（再入学）お願い致します」

〈吉田清成の書簡（九月十七日）〉

吉田清成は、啓次郎の再入学の嘆願書を英訳して、九月十七日にアメリカ国務省のハミルトンフインに送っている。

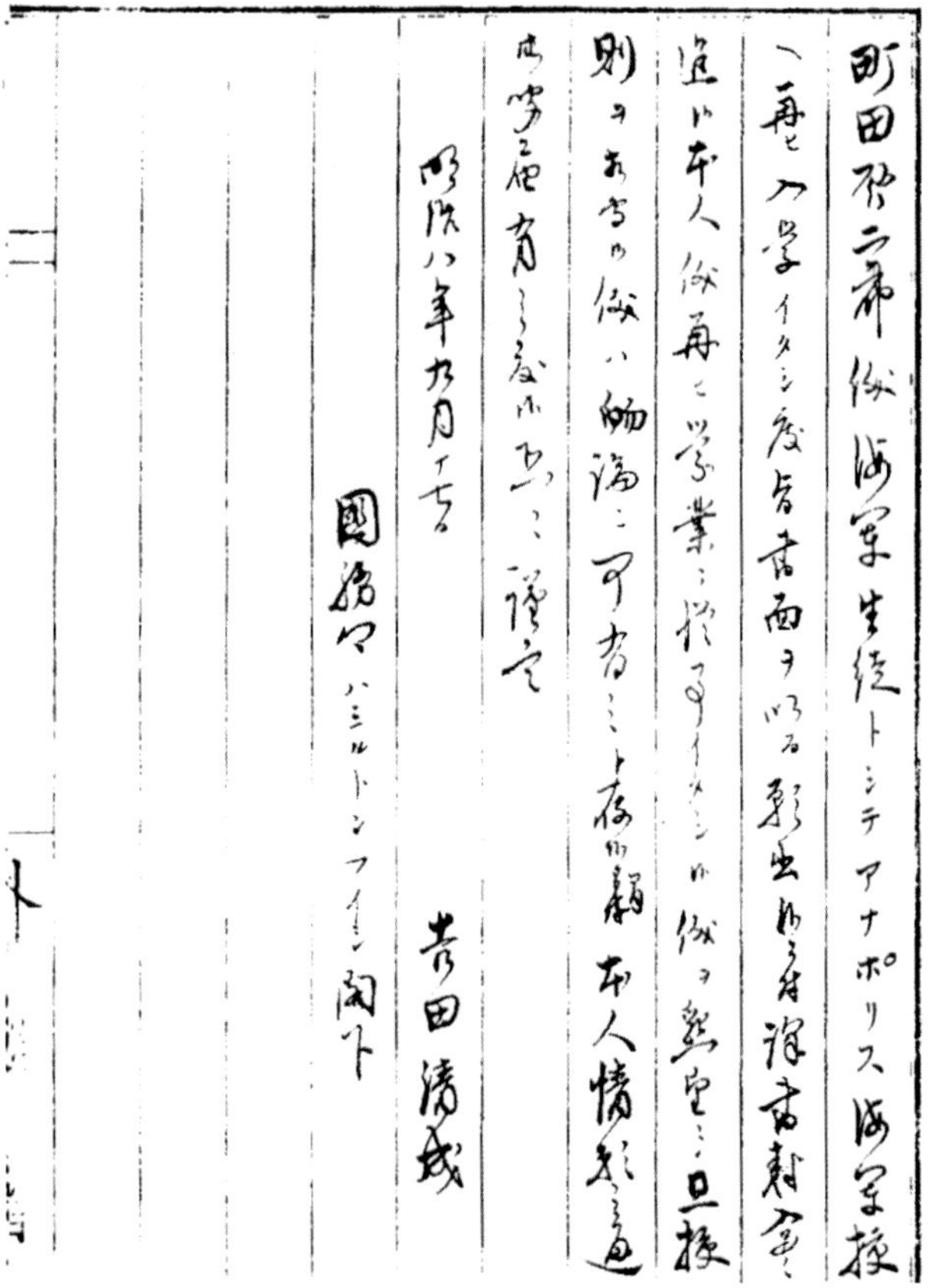
明治八年九月十七日
吉田清成
國務卿ハミルトンフイン閣下

「町田啓次郎の件、海軍生徒としてアナポリス海軍兵学校へ再び入学いたしたい旨、書面をもって願い出ましたので、訳書（翻訳した文書）を添えてお送りします。本人については、既に再び学業に従事いたしておりますことを熟慮し、なおかつ、校則を聞いたからには勿論（学業に打ちこむべし）と存じておりますので、本人も情状を願い出ておりますす通り、お聞き届けいただきたく存じます」

〈ハミルトンフインから吉田清成宛ての書簡〉

ハミルトンフインは、吉田清成の要請を受けて次のように回答している。

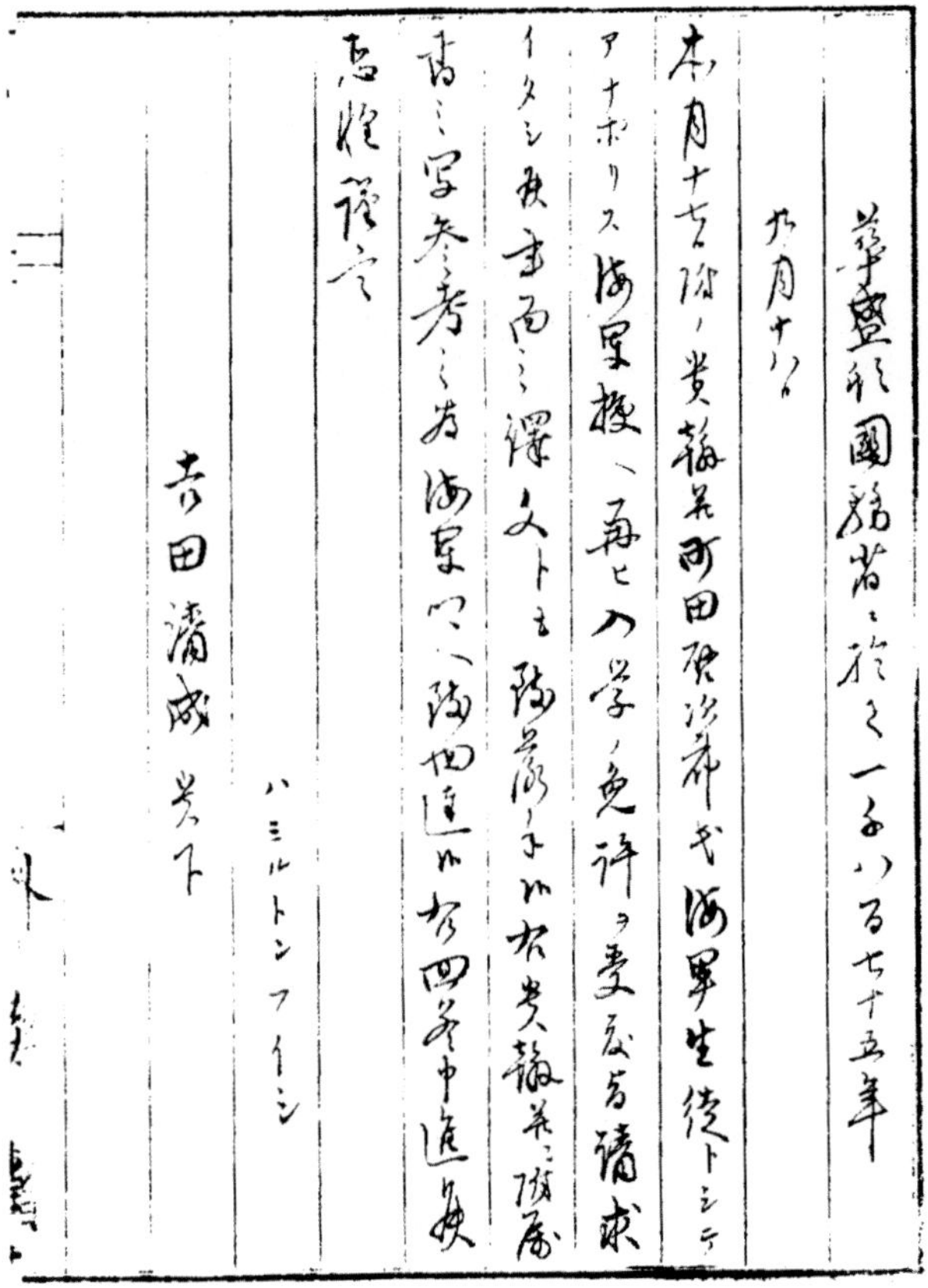
華盛頓國務省ニ於テ一千八百七十五年
九月十八日
本月十七日附ノ貴翰并町田啓次郎ガ海軍生徒トシテ
アナポリス海軍校ヘ再ヒ入学ノ免許ヲ受度旨請求
イタシ候書面ニ譯文ト共ニ落手致シ候右貴翰并ニ附属
書類ノ写ハ参考ノ為海軍省ヘ回送致シ候
恐惶謹言
吉田清成 閣下
ハミルトンフイン

「本月十七日付の貴方からの書簡、並びに町田啓次郎の件について、海軍生徒としてアナポリス海軍校へ入学の免許を受けている旨を請求された書面の訳文とともに受領しました。右の貴方からの書簡ならびに付属されている書類の写しは参考のため、海軍省に回送いたしました。以上のように、まずはご回答いたします」

ハミルトンフインは、九月二十七日に、吉田清成に海軍省からの回答を寄せている。

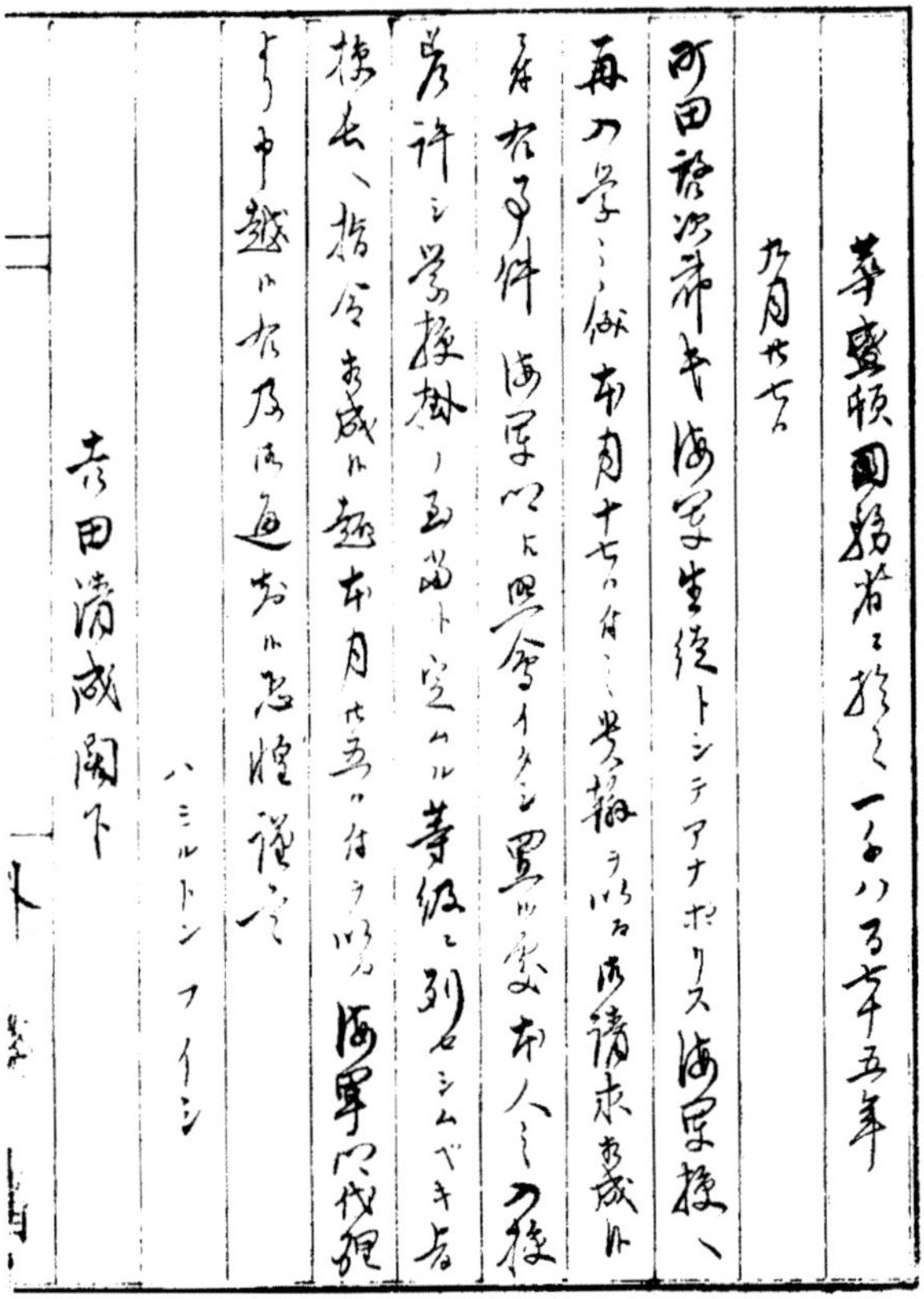

「町田啓次郎の件、海軍生徒としてアナポリス海軍兵学校へ再入学のことについて、今月十七日付の貴方からの知らせをもって請求なされましたことにつき、右の事件は、海軍省に照会いたしましたところ、本人の入校を許し、学校係の至当と定める等級に序列させるべき旨を、校長へ指令いたすこととなりました内容を、今月二十五日付けをもって、海軍省代理より言い伝えました。右の内容をお知らせいたします」

〈海軍兵学校再入学許可状〉

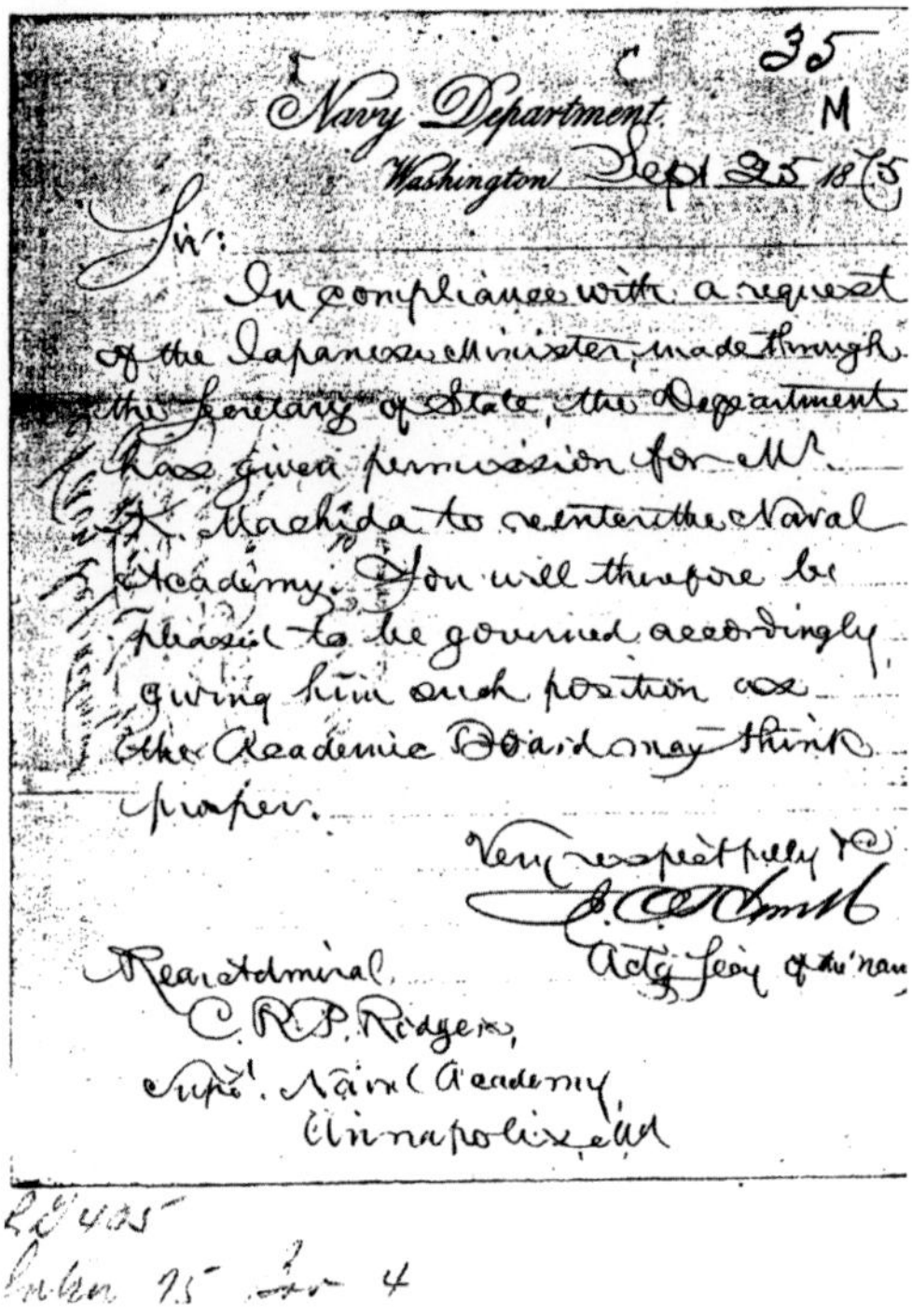

Navy Department
Washington Sept 25 1875

Sir:

In compliance with a request of the Japanese Minister, made through the Secretary of State, the Department has given permission for Mr. K. Machida to enter the Naval Academy. You will therefore be pleased to be governed accordingly giving him such position as the Academic Qua, I may think proper.

Very respectfully,
George Robeson
Act'y Secr'y of the Navy.

Rear Admiral
C. R. P. Rodgers
Supi' Naval Academy,
Annapolis, Md.

海軍省
ワシントン、１８７５年9月２５日

拝啓

国務長官殿を介しての日本公使のご要望に従い、海軍省は町田啓次郎氏に、海軍兵学校への入学を許可致します。従いまして貴殿はこれに応じて、この者に学生としての身分の認可を与えることが適切と存じますので、宜しくお願い申し上げます。

敬具
ジョージ・ロブソン
海軍長官

海軍少将
C. R. P. ロジャース殿
海軍兵学校校長
メリーランド州アナポリス

九月二十五日の海軍長官ジョージ・ロブソンから海軍兵学校校長宛の書簡では、「国務長官殿を介しての日本公使のご要望に従い、海軍省は町田啓次郎氏に、海軍兵学校入学を許可いたします。従いまして貴殿はこれに応じて、この者に学生としての身分の許可を与えることが適切と存じますので、よろしくお願い申し上げます」と書かれていて啓次郎の再入学が認められたことを示している。

また、興味深い書簡が残っている。種田誠一（薩摩藩）が吉田清成に送ったもので、啓次郎のことを報告している。六月の書簡なので、啓次郎はニューヘイブンに居たと思われる。

〈種田誠一から吉田清成宛の書簡〉

確と実否は存知申さす候得共、御尋に任せ承知丈之ケ条申上候。

去る日町田君デポーを通過る之折、車馬夫車を勧め掛けたる由候得共、無用なれば言葉も返さ過越之後より、車夫悪口にチャヒニスと呼びたるを町田君大いに怒り、何か怒を報いんと思居、折しも翌晩之事ならんに町田君ミュジックホール之前を通りし時に右之車夫居合故、爰こそ時ならんと命し伝へり。僕は今晩俄に腹痛相生歩行難渋に付（番地を偽りて）何町之何番地もで極て静に乗せ呉よと。車夫は命を守り馳行く内に町田君は隙を窺ひ竅に車を脱下し、全く車夫を欺きたる由、是一ヶ条なり。場所と何程之博奕かと伝聞不仕候得共、壱円掛け之博奕を戦ひ壱円五拾セン之利を以て、勇敷勝利凱陣と聊か慢心之口風有之候由、是二ヶ条なり。去日は友人数を誘ひ船遊ひ有之、（其内壱人はMr.Northrop え寓宿之松平君にして）夕にいたれども帰宅なけば、先生等覆船を掛念すて東西奔走探索之処、諸君一同玉突遊び差越へ居たる由、僕は玉突遊が善も下賤も存知不申候。

僕には兼ねてニューヘイブンの諸君とは親敷交際不致候処、町田君等之行形も能く存知不申候。
前報迄、早々不備
六月一日
吉田公使閣下
種田拝上
再伸、赤羽君之事は存知不申候

〈訳文〉


確かなことは解りませんがお尋ね頂いた中でわかるものをいくつか申し上げます。

ある日、町田君がデポーを通過する時、車夫が馬車に乗らないかと勧めてきたものの、必要がなかったので返事をせずに通り過ぎようとしたところ、車夫は悪口でチャイニーズと呼んだため、町田君は大いに激怒しました。彼はその怒りをどうにかしようと思い、折しも翌晩、町田君がミュジックホールの前を通った際に例の車夫が居合わせたので、今こそ怒りを晴らそうと思い、「ぼくは今晩ちょっと腹が痛んでどうにも歩くのに困難なので、（住所地番を偽って）何町の何番地まで静かに乗せて行ってくれ」と車夫に言いました。車夫はその言葉通りに静かに運行したのですが、町田君はすきを窺い、気づかれない様にこっそりと車から降りてしまいました。（車夫はそれに気づいておらず）車夫を完全に欺いたことが一つ。

場所とどれ程の博打なのかは伝え聞けなかったのですが、一円を賭ける博打で戦い、五銭の利益が出たそうですが、勇ましき勝利の凱旋だといささか慢心した口振りであったことが二つ目です。

ある日、友人数名を誘って舟遊びをしたのですが、（そのうちの一人はミスターノースロップのもとに身を寄せている松平君です）夕方になっても帰宅しないので、先生たちは船が転覆したのではないかと懸念し、東奔西走して捜したところ、町田君たちはみな玉突き遊びをしていたのですが、僕は玉突き遊びが善いことなのか下品なことなのかもわかりませんでした。

僕はかねてよりニューヘイブンの皆様とは親しく交際しておりませんので、町田君たちの行いについてはよく分かりません。

以上報告いたします。（取り急ぎ報告しておりますので、不備があるかもしれません）

再伸、赤羽四郎君のことはよく分かりませんでした。

＊種田誠一　薩摩藩士　第三十三代国立銀行支配人や東京馬車鉄道発起人を務めた

＊吉田清成　薩摩藩士　アメリカ駐在公使・農商務省官僚・子爵

この書簡は、おそらく吉田清成が種田誠一に、啓次郎とはどういう人物かと問い合わせたもので、それに対する返事であろう。啓次郎の、豪快でやんちゃな一面が報告されている。

しかし、それが差免状につながったとは考えにくい。なぜならば、吉田清成は啓次郎の復学に尽力している。日本に送られた書簡で海軍省が判断して、九月二日に差免状を出したのかは判然としない。

再入学の許可は出たが、結局啓次郎は再び退学している。

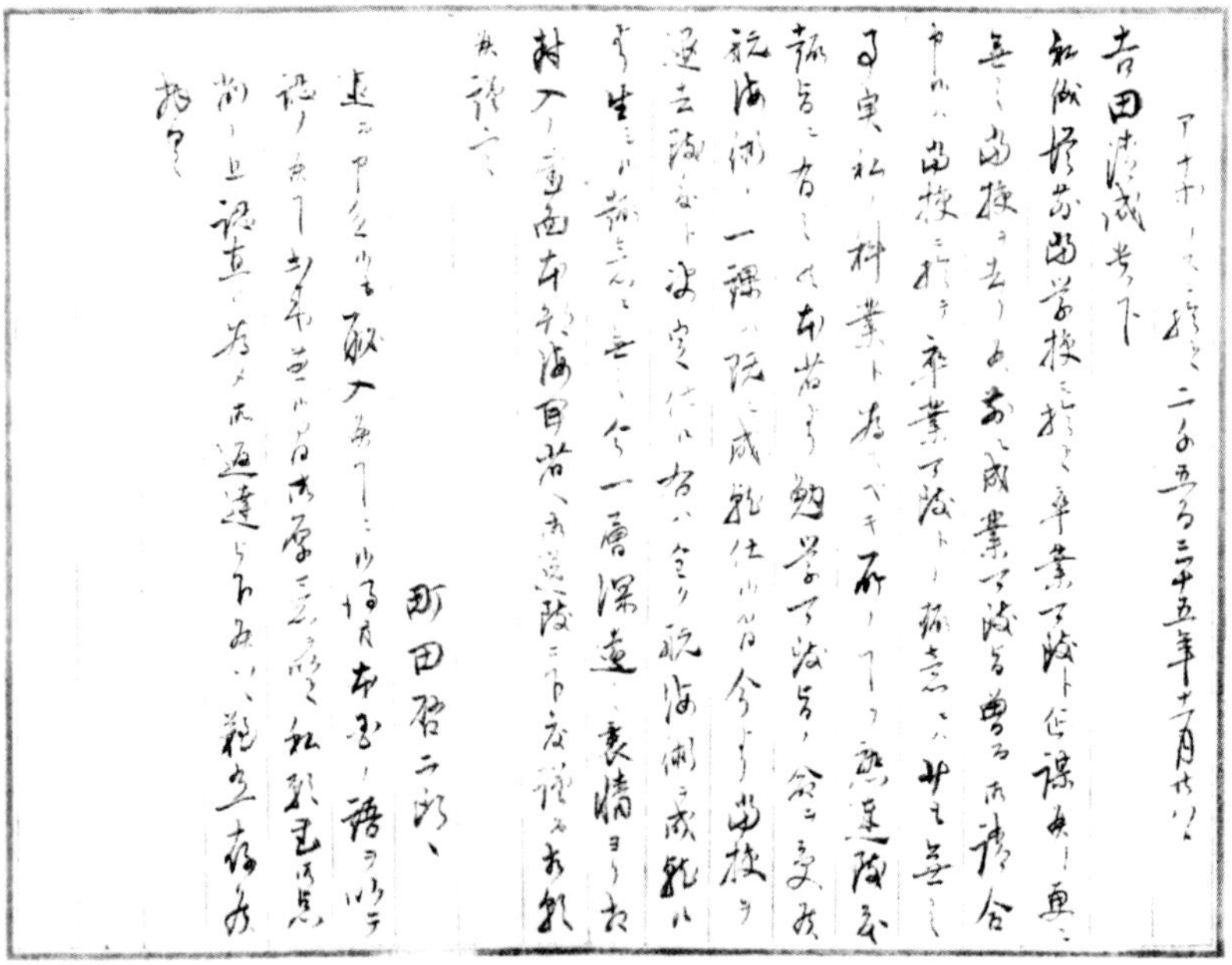

〈啓次郎の退学願〉

「私は以前は当学校を卒業するという考えは毛頭なく、当校を退校いたします。前に成業しようという旨をかつて請け負ったのは、当校において卒業するという意味では少しもなく、実際私のやりたいことを熟達したいという意味でした。

本省より勉強せよとの命を受けた航海術の一科はすでに成就しましたので、今から当校を退校したいと決意いたしました。このことは航海術を成就したいという理由からではなく、より一層深い衷情からおこったことです。

同封の書面を本国の海軍省へお送りください。謹んでお願いいたします」

〈吉田清成書簡〉

吉田清成は、再三の説得にもかかわらず応じなかった啓次郎の退学に至る一連の経緯を、外務卿の寺島宗則に報告している。

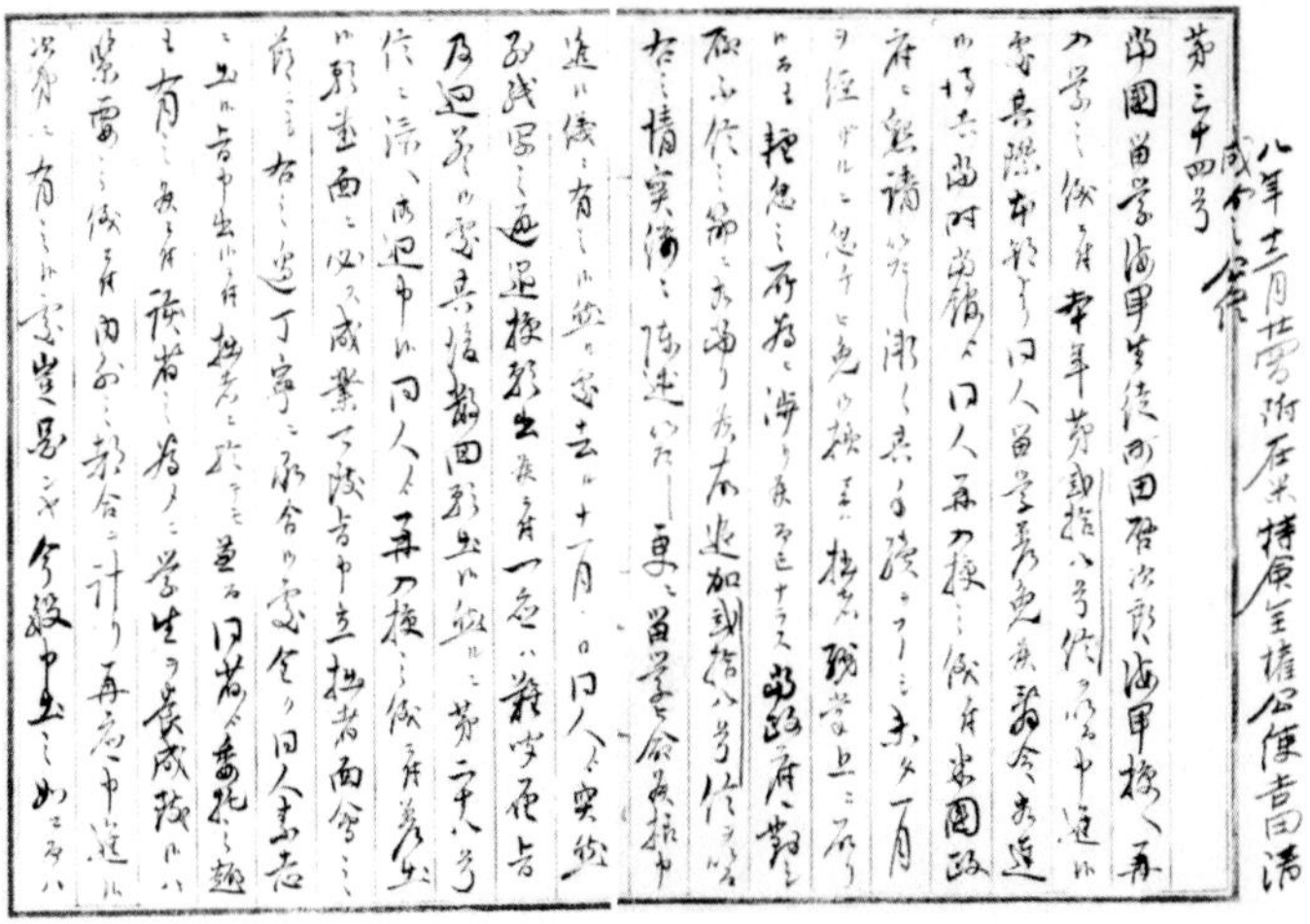

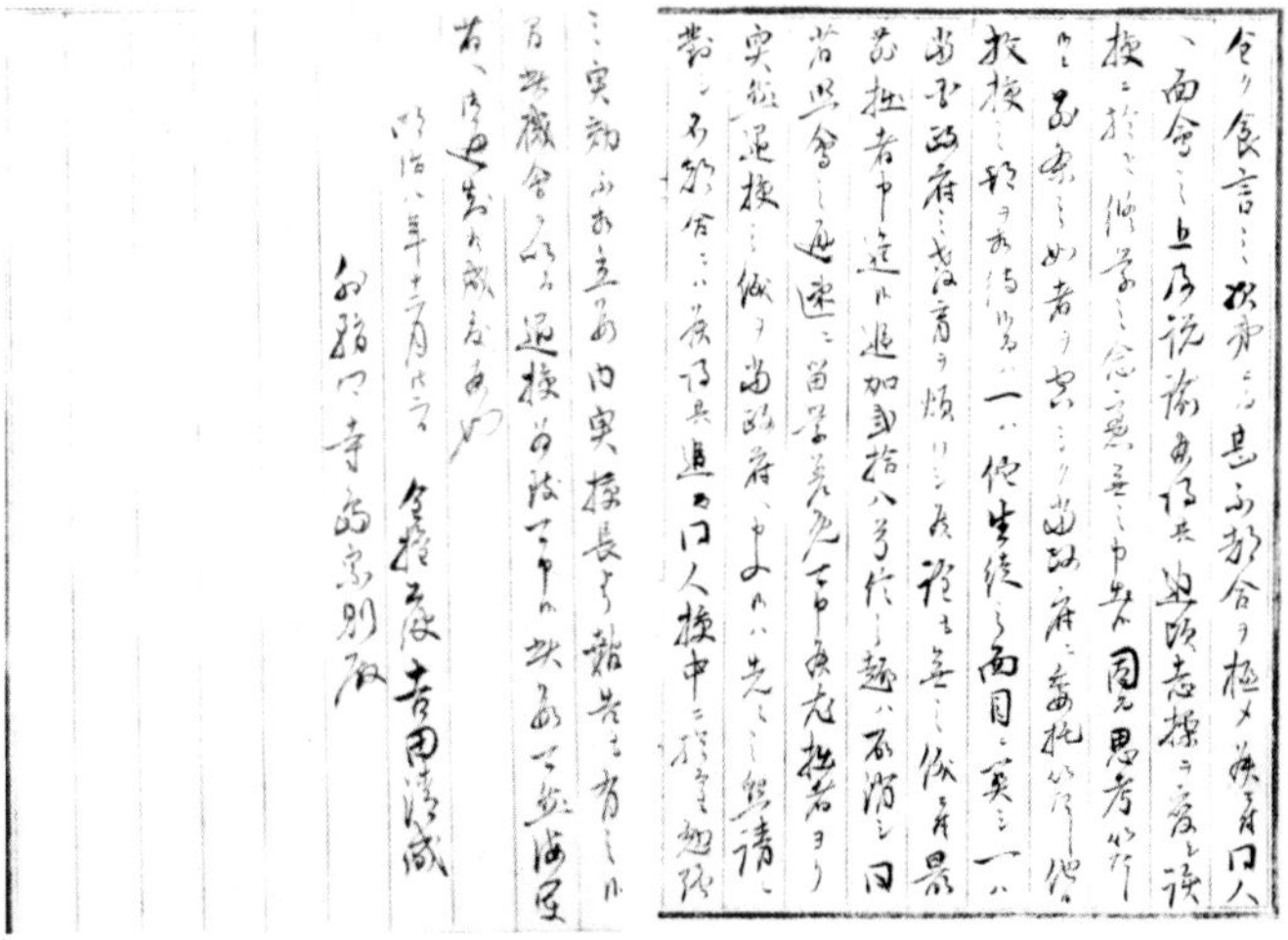

「啓次郎自身が再入校の嘆願書を出し、自分も学校まで出向いて再入学までこぎつけた。

そしてアメリカ海軍省は、九月二十五日に再入学の許可を出した。

しかし、十一月に啓次郎は突然退学願を提出した。一応は聞き届けることはできないと回答したが、その後も数回退学願いを出してきた。再入校できたら一生懸命勉強すると嘆願書まで出したが豈《あに》はからんや。今回の申し出は前回の約束をたがえ、はなはだ許しがたきことである。本人とも面会の上説得したが、考えを変えずアナポリスで勉強する気はないと言う。やる気の無い者をこれ以上アメリカ政府に再度頼んでも、後に退学するようなことになれば、他の生徒の為にもならず、アメリカにも迷惑をかけることになる。海軍省照会の通り速やかに退校させたい。

海軍兵学校の校長からも報告があり、これを機会に退校させることにしたい。このことをアメリカ海軍省に通知してほしい」

吉田清成は、このように十二月二十二日に報告し、「もはや退学やむなし」と判断し、アメリカ海軍省に啓次郎の退学を要請した。

吉田は説得に説得を重ねたが、啓次郎は自分を貫き通した。吉田は将来日本の海軍を背負って立つかもしれない啓次郎の退学が残念で無念な思いであっただろう。

アメリカ海軍省はそれを受けて、十二月三十一日に、海軍兵学校校長に啓次郎の退学を「許可」した。

〈海軍省の退学許可証発行依頼〉

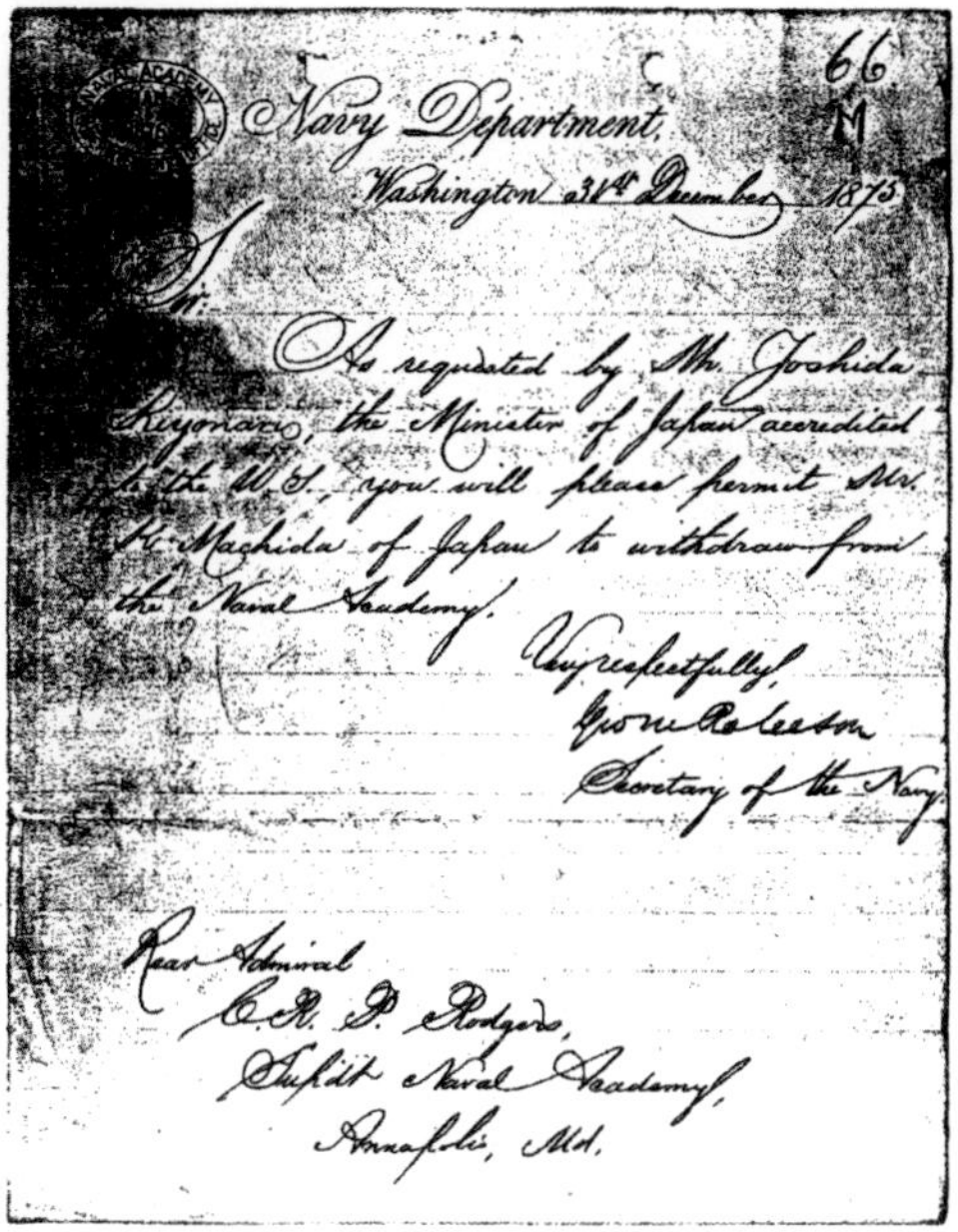

66
M

Navy Department.
Washington 31st December 1875

Sir:
As requested by Mr. Yoshida Kiyonari, the Minister of Japan accredited to the U.S., you will please permit Mr. K. Machida of Japan to withdraw from the Naval Academy.

Very respectfully,
Geo. M. Robeson
Secretary of the Navy

Rear Admiral
C. R. P. Rodgers,
Supdt Naval Academy,
Annapolis, Md.

Navy Department
Washington 31st December, 1875

Sir:
As requested by Mr. Yoshida Kiyonari, the Minister of Japan accredited to the U. S., you will please permit Mr. K. Machida of Japan to withdraw from the Naval Academy.

Very respectfully,
George Robeson
Secretary of the Navy.

Rear Admiral
C. R. P. Rodgers
Supdt Naval Academy,
Annapolis, Md.

#1 NAVAL ACADEMY SUPERINTENDENT'S OFFICE JAN 1876

海軍省
ワシントン、１８７５年１２月３１日

拝啓
米国駐在の大日本帝国公使である吉田清成氏からの要請で、大日本帝国の町田啓次郎氏の海軍兵学校からの退学許可をお願い申し上げます。

敬具
ジョージ・ロブソン
海軍長官

海軍少将
C．R．P．ロジャース殿
海軍兵学校校長
メリーランド州アナポリス
#1　海軍兵学校　校長室　１８７６年１月

一八七五年十二月三十一日に、アメリカ海軍省の海軍長官ジョージ・ロブソンは、海軍兵学校校長宛に、「米国駐在の大日本帝国駐在公使である吉田清成氏からの要請で、大日本帝国の町田啓次郎氏の海軍兵学校からの退学許可をお願い申し上げます」という書簡を送り、啓次郎は正式に退学になった。

啓次郎は、一八七五年（明治八年）に退学願を提出してから、二度とアナポリス海軍兵学校に戻ることはなかった。

彼の聡明さ、学力、英語力などからすれば、進級も卒業もそう難しいことではなかったのではないかと想像できる。決して兵学校の勉強が嫌になったのではないだろう。退学願に、「より一層深い衷情《ちゅうじょう》（＝心に秘めた思い）から起こったことです」と書いている。

しかし、それがはたして何なのか、具体的には書いていない。すでにこの時から、「これからは武の時代ではなく、文（教育）の時代だ」と考えていたのだろうか。

日本人学生は同学年に啓次郎ただ一人だけで、腹を割って話せる友人もなく、彼の気性の激しさに加えて、厳しい校則、生活規則が啓次郎の性格に合わなかったことや、人種差別などに嫌気がさし、早く日本に帰りたいという気持ちに迫られていたのではないかとも推察できる。

啓次郎は、一八七五年一月にアナポリスの海軍兵学校を中退したのち、ニューヘイブンに帰っている。

吉田公使とのやり取りなどが残されているので、啓次郎はある時期までニューヘイブンに滞在していたと思われるが、一八七六年四月にサンフランシスコから帰国の途に就くまでの、数ヶ月間の行動や気持ちの動きについては判然としない。

アナポリス海軍兵学校中退後の、啓次郎と吉田清成との手紙のやり取りなどから、揺れ動く啓次郎の心情が読み取れる。また、残された書簡や資料から、吉田清成が啓次郎の再入学に尽力した経緯がわかる。

啓次郎も、中退はしたものの、吉田清成の説得に応じて再入学をしたい旨の手紙のやり取りをした書簡も残っている。しかし、その後ふたたび気持ちが変わってしまったのか、啓次郎は再三の吉田の説得に応じることなく退学している。

日本政府は、アナポリス海軍兵学校に入学した学生全員を、将来日本海軍をしょって立つ人材にと考えていた。はたして啓次郎がそこまで深い理解をしていたのかは疑問である。

余談だが、アナポリス海軍兵学校に在籍した日本人は、長い歴史の中で、十七人ではなく十八人である。また、卒業したのは七人ではなく八人である。

その「もう一人」が、一九〇六年（明治三十九年）の最後の留学生から八十二年の時を経て、一九八八年（昭和六十三年）に入学し、一九九三年（平成五年）に卒業した八人目の学生である。彼は現在、海上自衛隊の幹部として活躍している。

〈啓次郎のアナポリス海軍兵学校年譜（詳細）〉

一八七三年（明治六年）十六歳　八月　海軍省から入学許可

入学許可の報告を受けて礼状を出しているが眼病にかかり避暑にいく

十月　アナポリス海軍学校入学

十一月　入学後の成績が日本に送られている

一八七四年（明治七年）十七歳　五月の成績表　九十八人中三十五位（四号生徒時の成績）

三号生徒時の成績表

Third Class　サマークルーズのメンバー

六月十日に四号生徒終了、三号生徒に進級

六月十三日から九月二十二日までサマークルーズに参加（航海訓練）

成績表が残されている（十月）

一八七五年（明治八年）十八歳

一月のボードレポートが残っていて、啓次郎はシーマンシー、フェンシング、フランス語の成績が悪かった

行動記録にデメリット・ペナルティーが残っている

一月　アナポリス海軍兵学校退学願提出？

退学届を出してニューヘブンに帰る？

ニューヘブンその他の地に一年三ヶ月くらい滞在しているがニューヘブン以外の滞在先は不明

二月十八日　吉田清成公使は勝小鹿と啓次郎の再入学懇願書をアメリカ国務卿ハミルトンに送る

三月九日　吉田清成に手紙を出す

三月二十九日　吉田清成に手紙を出す

四月二十八日　吉田清成から手紙をもらう

四月三十日　吉田清成に手紙を出す

九月二日　海軍省から差免状が出され退学処分

九月九日　再入学嘆願書提出（啓次郎から吉田清成に）

九月十七日　吉田清成からハミルトンに再入学依頼

九月二十五日　再入学許可

十一月二十八日　啓次郎が退校依頼の手紙を出す

十二月二十二日　吉田清成が寺島宗則外務卿に、もはや処置なしの書簡を送る

一八七六年（明治九年）十九歳

一月五日　啓次郎は海軍省から正式に海軍生徒差免の辞令を受ける

第四章　アメリカ旅行記

〜島津啓次郎のアメリカ留学の軌跡を追って

サンフランシスコ〜シカゴ〜バッファロー（ナイアガラの滝）〜ニューブランズウィック（ラトガース大学）〜ニューヘイブン（エール大学）〜ハートフォード〜スプリングフィールド〜ノースアンプトン〜グリンフィールド〜ボストン〜ワシントン（アナポリス海軍兵学校）〜サンフランシスコ〜帰国。

これが、一八七〇年から一八七六年の六年間で啓次郎がたどった道筋だった。

私は、最初にロサンゼルスからサンタバーバラへ飛び、その後サンフランシスコに引き返し、アメリカ横断、そして東海岸へと移動する旅の行程を考えた。

啓次郎たちの留学は、サンフランシスコから乗った大陸横断鉄道から始まったが、私は旅行の起点をロサンゼルスにした。その理由は旅行記の最初で紹介する。

旅行については綿密に計画を立てたつもりだったが、全行程二十五日間の旅行は、失敗あり準備不足ありと大変だった。

高齢で、しかも英語が話せない一人旅であることを考えて、旅行計画の立てやすさという点から出発日を「1日から」とし、四月一日に日本を出発した。

四月一日（月）

宮崎を十時二十五分発のＪＡＬ便で出発し、羽田発十六時二十五分のＪＡＬ便に乗り替え、同じ四月一日の十時三十五分にロサンゼルス空港に到着した。

ロサンゼルス空港からは、ユナイテッド航空のサンタバーバラ行きに乗り換える計画だ。

ロサンゼルス空港到着後、あらかじめインターネットで調べていた経路をたどって出口に向かって歩き、外に出た。

案内所でサンタバーバラ行きの乗り換え便を尋ねると、「少し長い距離を歩くことになるが、⑦番の看板が見えるところまで行くように」と教えてくれた。こうして意外と簡単にサンタバーバラ行きの飛行機に乗ることができた。

ロサンゼルスからサンタバーバラまですんなりと行けたので、この後も順調に行けるだろうと考えたが、甘かった。

四月二日（火）

サンタバーバラで、カリフォルニア大学サンタバーバラ校のウイリアム・フレミング教授（前エール大学教授）とホテルで待ち合わせをした。

教授は私が今回の旅行で最初にお会いしたかった人で、啓次郎についての様々な疑問に対する見解をお聞きしたいと思っていた。それが、この旅行の起点をロサンゼルスにした理由である。

フレミング教授に昼食を誘っていただいた。だが、食事にはほとんど手を付けず、四時間ほど教授との啓次郎談義に花を咲かせた。教授は流暢《りゅうちょう》な日本語で話された。当初は片言くらいの日本語を話される程度かなと思っていたのでびっくりした。

まず、かねてからの私の疑問の一つであった啓次郎のアナポリス海軍学校での退学騒動について尋ねてみた。

教授は、「啓次郎はアナポリス海軍兵学校でけんかをして退学させられたのではなく、エール大学のグラマースクールにいる時に、人種差別を受けたり、侮辱されたり、意見の食い違いなどでけんかになり、殺してやるぞというようなことを言って脇差を抜いた。それが原因で退学させられたという記録が残っています」

教授の見解は、私にとってとても合点がいくものだった。やはり啓次郎の退学騒動はアナポリス海軍兵学校での出来事ではなかったのだ。

この真実から、その後の啓次郎の行動の謎が一つ解けた。これまでは、「啓次郎はアナポリス海軍兵学校でけんかをして退学したため、次の滞在地ハートフォードに向かった」とされているが、これは「新しく高校に入るため」という理由のほうが正しいのだろう。

また、もう一つの疑問であった「新しくハートフォードの高校に入りなおすのには、それを仲介する人物がいたのではないか」という内容についても問うてみた。すると教授は、「確かに仲介した人物がいたとは思うが、それには当時コネチカット州の教育局長官をしていたB・C・ノースロップと、米国中弁務使、米国代理公使をしていた森有礼《ありのり》が関係したのではないかと思われる。しかし、明確な資料はまだ発見されていない」とおっしゃった。

教授との話は尽きなかったが、「幼稚園に子供を迎えに行く時間が迫っている」とのことでそこで話を終え、その後わざわざ私が宿泊しているホテルまで送っていただいた。「四歳になる男の子がいる」と話されていたので、私は勝手に教授の年齢を想像した。

四月三日（水）

今日はサンタバーバラからサンフランシスコに向かい、翌日サンフランシスコの対岸にあるオークランドの、エメリービル駅九時一〇分発の「カリフォルニア・ゼフィア号」に乗った。

一八七〇年に啓次郎たちが行ったアメリカ大陸横断鉄道の旅は、およそ七日の旅だった。しかし、その後百五十年経ってからの私のシカゴまでの三千九百キロの旅は、わずか二日半だった。

啓次郎たちが乗った当時のアメリカ大陸横断鉄道は、デンバーの一〇〇キロくらい北を走っており、現在のカリフォルニア・ゼフィア号のルートとは少し違っている。

乗車したカリフォルニア・ゼフィア号は「ちょっと豪華な特急列車」という感じだった。列車はエメリービル駅を発車して、ロッキー山脈南の山裾を走り、ソルトレークシティー、デンバーからオマハを通過し、シカゴまで行く行程だ。

「大陸横断鉄道に乗りたい。ぜひカリフォルニア・ゼフィア号に乗ってみたい」と渡米前から期待していたが、ロッキー山脈の奇岩と渓谷以外には、思ったほどの感動はわかなかった。

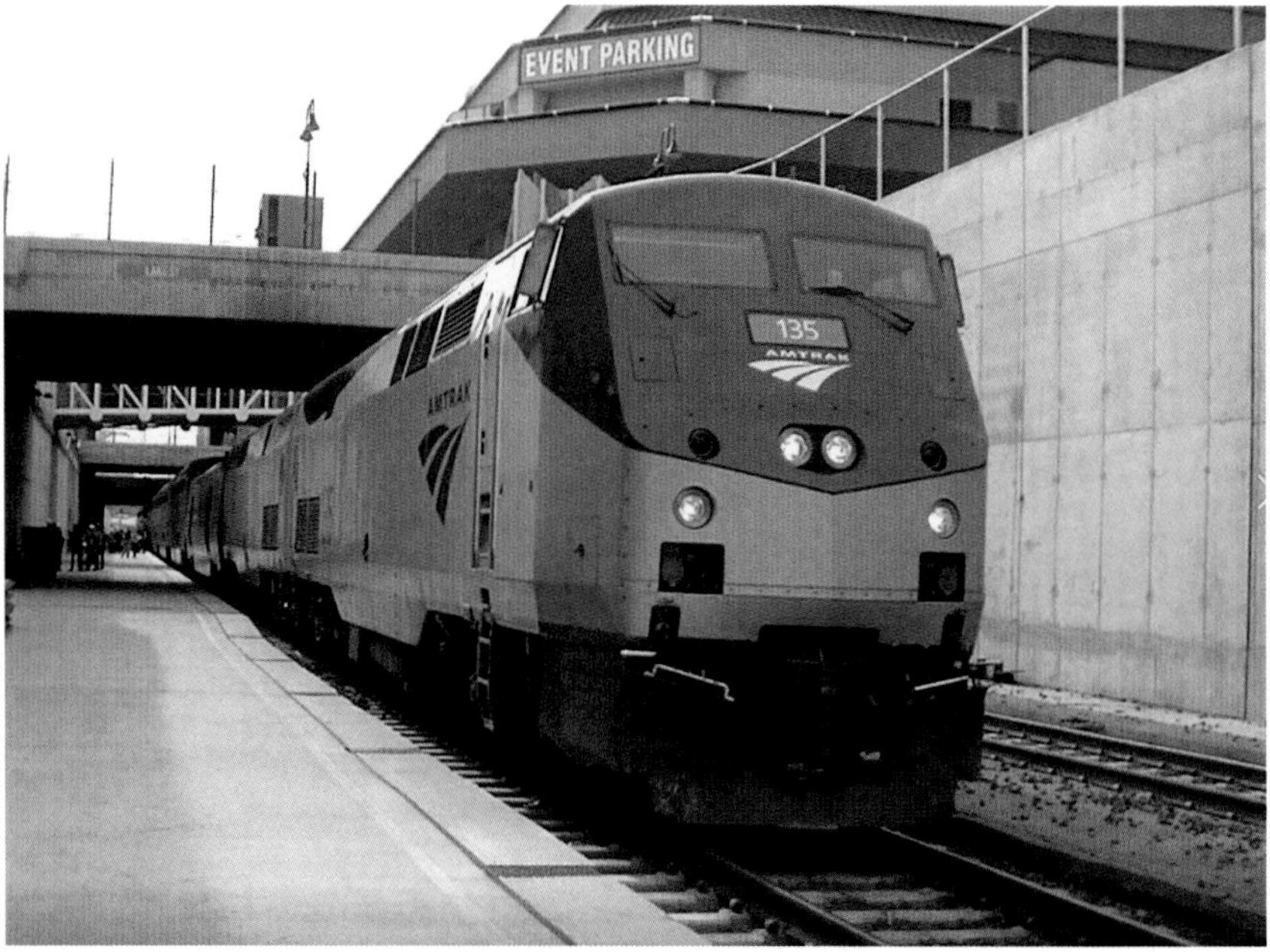

カリフォルニア・ゼフィア号

サンフランシスコの町

CALIFORNIA ZEPHYR®

Effective July 20,…

serving CHICAGO - BURLINGTON - OMAHA - DENVER - GLENWOOD SPRINGS - SALT LAKE CITY - RENO - SACRAMENTO - SAN FRANCISCO BAY AREA and intermediate stations

5			‹ Train Number ›		6
Daily			‹ Normal Days of Operation ›		Daily
			‹ On Board Service ›		
Read Down	Mile				Read Up
2 00P	0	Dp	Chicago, IL–Union Station (CT)	Ar	2 50P
R2 34P	28		Naperville, IL (METRA/BN Line)		D1 53P
3 44P	104		Princeton, IL		D12 33P
4 38P	162		Galesburg, IL–E. Seminary St.		D11 41A
5 25P	205		Burlington, IA		10 36A
5 58P	233		Mount Pleasant, IA		9 54A
6 53P	279		Ottumwa, IA		9 06A
8 09P	359		Osceola, IA (Des Moines)		7 40A
8 41P	392		Creston, IA		7 04A
10 55P	500	Ar	Omaha, NE	Dp	5 14A
11 05P		Dp		Ar	4 50A
12 08A	555	Ar	Lincoln, NE	Dp	3 28A
12 14A		Dp		Ar	3 20A
1 47A	652		Hastings, NE (Grand Island)		1 42A
2 24A	706		Holdrege, NE		12 54A
3 43A	783		McCook, NE (CT)		11 49P
5 06A	965		Fort Morgan, CO (Sterling) (MT)		8 25P
7 15A	1038	Ar	Denver, CO–Union Station	Dp	7 10P
8 05A		Dp	Colorado Springs, Raton, Vail, Salida, Gunnison—see page 2	Ar	6 38P
10 07A	1100		Fraser-Winter Park, CO		3 50P
10 37A	1112		Granby, CO (Rocky Mt. Nat'l Park)		3 12P
1 53P	1223		Glenwood Springs, CO (Aspen)		12 10P
4 10P	1311		Grand Junction, CO		10 25A
5 54P	1417		Green River, UT		7 56A
7 20P	1488		Helper, UT (Price)		6 37A
9 26P	1563		Provo, UT		4 35A
11 06P	1608	Ar	Salt Lake City, UT (MT)	Dp	3 30A
11 30P		Dp	Ogden, Boise, Las Vegas—see page 2	Ar	3 05A
3 03A	1871		Elko, NV (PT)		9 31P
5 40A	2012		Winnemucca, NV		7 08P
8 36A	2202		Reno, NV		4 06P
9 37A	2237		Truckee, CA (Lake Tahoe)		2 39P
11 46A	2301		Colfax, CA		12 21P
12 57P	2336		Roseville, CA		11 05A
D2 13P	2355	Ar	Sacramento, CA		11 09A
D2 44P	2367		Davis, CA		10 36A
D3 26P	2411		Martinez, CA (San Joaquins Trains)		9 54A
D3 58P	2435		Richmond, CA		9 23A
4 10P	2438	Ar	Emeryville, CA (PT) San Francisco—see page 2	Dp	9 10A

SCHEDULES EFFECTIVE 7/20/17

CALIFORNIA ZEPHYR ROUTE MAP and SYMBO…

SYMBOLS KEY

D Stops only to discharge passengers; train may leave before time shown.
R Stops only to receive passengers.
CT Central time
MT Mountain time
PT Pacific time
Bus stop
Quik-Trak self-serve ticketing kiosk
Unstaffed station
Staffed ticket office, may or not be open for all train de…
Host station. See below.
Station wheelchair accessib… barriers between station an…
Station wheelchair accessib… all station facilities accessib…

Connecting Local Services

Metropolitan Denver
At Denver Union Station, the Regional Transportation District (RTD) offers frequent light rail and bus service:
- Western/Southern suburbs via light rail,
- Boulder/Longmont/Northern suburbs via express coach service,
- Denver International Airport via light rail A Line,
- Free shuttles connect Union Station along the 16th Street Pedestrian Mall to the Civic Center Station.

Call (303) 299-6000 or check www.rtd-denver.com for more information.

Salt Lake City and Environs
The Utah Transit Authority (UTA) serves Utah County, Salt Lake City, Ogden, Provo and intermediate stops with FrontRunner commuter rail, bus routes, ski buses and four TRAX light rail lines. Call 801-RIDE-UTA (743-3882) or visit www.rideuta.com.

Service on the California Zephyr®

Coaches: Reservations required.
Sleeping cars: Superliner sleeping accommodations.
- Amtrak Metropolitan Lounge available in Chicago for Sleeping … passengers.
Dining: Full meal service.
Sightseer Lounge: Sandwiches, snacks and beverages.
On Board Guide Program: California State Railroad Museum … provide historical and sightseeing commentary between Reno an… Sacramento. Program and schedule is subject to change.
Checked baggage at select stations.
Trains 5 and 6: trainside checked bicycle service offered betwee… locations handling checked baggage. Customers will check in wi… station agent, get a claim check/baggage tag for their bike, and … a crew member inside the baggage car.
Executive Transportation operates Thruway van service from Spr… IL for connections from Train 22 to Trains 3 and 5 at Galesburg, … from Galesburg, IL for connections from Trains 4 and 6 to Train 2… at Springfield, IL. Passengers with disabilities must provide adva… notification of needs. For additional information call (217) 523-54…

All Amtrak services and stations are non-smoking.

Trails and Rails Program: In cooperation with the National Park Se… volunteer rangers provide on board narratives between May and Sep… on selected days on parts of this route. Visit nps.gov/trailsandrails and… amtraktoparks.com.

SHADING KEY
Overnight train

Thruway Connections and other amenit… page 2.

California Station Hosts

The Station Host Association of California is a volunteer organ… that assists rail passengers, meeting and greeting them at ele… California stations, and helping them with schedules, boarding… general inquiries. For more information, visit www.stationhost.… call (925) 457-9018.

AMTRAK
See where the train can…

カリフォルニア・ゼフィア号の時刻表（上）とロッキー山脈（左）

四月六日（土）

カリフォルニア・ゼフィア号は、シカゴユニオンステーションに定刻より少し遅れて到着した。

駅では村井さんが待っていてくれた。村井さんは、亜細亜大学の溶應萸《ようおうゆ》教授に紹介していただいた方だ。村井さんには、ユニオン駅からシカゴの空港までサポートしていただくよう日本にいたときにお願いをしていた。最初のサポーターに感謝。別れ際に三個のおにぎりをいただき、また感謝。

溶教授との出会いは、教授の論文『十九世紀後半のニューヘブンにおける日米中の異文化接触』を読んだのがきっかけだった。

「アメリカに島津啓次郎のことを調べに行く計画を立てていますが、英語がまったく話せません。どなたかご紹介していただけませんか」と図々しくメールをした。教授はシカゴ在住の村井さんを紹介してくださった。どこの誰ともわからない私に村井さんを紹介していただいたことに、改めて感謝。

四月七日（日）

シカゴから、ナイアガラの滝があるバッファローに向かった。

十一時発のアメリカン航空機での移動、のはずだったが、ここで最初のトラブルが起きた。乗るはずの飛行機の搭乗時刻が近づいても、空港での案内のアナウンスがなかったのだ。

不安になってカウンターの係員に聞いた。すると、「バッファロー行きのゲートは変更になった」と言う。その変更になったゲートを聞いて必死で走った。出発まで十分くらいの時間がある。しかし到着してみると、ゲートのシャッターはすでに閉まった後だった。

「何とか乗せてほしい」と交渉したが、だめだった。ゲート変更のアナウンスはあったようなのだが、聞き取りのできない私はまったく気づかなかった。いつもは掲示板にも変更の案内があるはずだが、それも表示されていなかった。

こうして結局、予定の便を乗り過ごす羽目になってしまった。

私は、すぐにチェックインカウンターに向かった。

チケットを見せながら、この後どうすればいいか尋ねた。しかし、相手の言っていることがわからない。

私の不安を感じとったのか、カウンターの女性が電話で何やら話をし、私に電話に出るように促した。電話の相手はアメリカン航空の日本語通訳の女性だった。

その女性は、そのままのチケットでキャンセル待ちをするように、と言った。私はふたたび検査場を通過して、搭乗待合室でキャンセル待ちをすることにした。

しばらく待ったが、十五時発の便には乗れず、その次の十九時発の便に何とか乗ることができた。

私が乗った飛行機は、ゆっくり右に旋回、左に旋回しながら進み、離陸の最終許可を得るために滑走路で止まった。何機もの飛行機が待機しているのが見えた。

ところが、待機しているのにいっこうに飛び立つ気配がない。窓から覗くと、おおかた三十機近くの飛行機が待機していた。

結局、一旦引き返し、飛行機から降りてロビーで待つことになった。

四十分くらいしてふたたび飛行機に乗り込んだ。十九時に飛び立つはずの飛行機が、離陸したのは二十三時。バッファローに到着したのは夜中（四月八日）の一時半くらいになっていた。

ロビーで夜が明けるのを待ち、朝八時ごろタクシーでナイアガラの滝を見に行くことにした。

ついていない時はついていないもので、朝から小雨まじりの曇りの天気だった。その日は、啓次郎たちが見たナイアガラの滝を見に行く計画を立てていた日だった。

タクシーの運転手が、「このくらいの霧雨ならカメラもビデオも充分撮れるよ」と言うので、空港間の送迎をお願いし、ナイアガラの滝を見に行った。

運転手に案内してもらいながらナイアガラの滝をビデオで撮影した。これでアメリカに来た目的の一つを達成でき、ひとまず安堵《あんど》した。

ただ、時間がなくてカナダ側から滝を見ることができなかったことと、飛行機の到着が遅れたので予約していたホテルに泊まることができなかったことが残念だった。そして運転手に払った１４０ドル（一万五千円）は少し痛い出費だった。

空港に急ぎ、今度はあわただしくニューアーク行きの飛行機に乗った。

ナイアガラの滝

四月八日（月）

ニューアークの空港に着き、待合室を通りバッグを取りに行ったが、何番ゲートから出てくるのかがわからない。

何とか同じ飛行機に乗っていた乗客を見つけてついていくと、手荷物受取のターンテーブルで自分のバッグだけが回り続けていた。

おまけに、今度はシャトルバスのバス乗り場がなかなかわからない。かなり歩き回ってようやくシャトルバスのバスストップを見つけた。しかし、今度はバスがなかなか来ない。不安になり、隣にいた大学生くらいの女の子に「ヘルプミー」と声をかけた。

彼女は私のホテルの電話番号を聞くと、親切にもホテルに電話までかけてくれた。そしてシャトルバスに一緒に乗りこみ、ホテルまで同行してくれた。

私はてっきり彼女もそのホテルにチェックインするからなのだろうと思っていた。しかし彼女は、私がチェックインしたのを見届けると、笑顔で手を振り、「ハバァ・ナイスディ」と言って、シャトルバスに乗って空港へと引き返していった。

なんと彼女は、不安そうにしていた私をホテルまでわざわざ連れてきてくれたのだった。（感謝）

無事にホテルに着き、部屋に入った私は、持参したインスタントごはんをレンジでチンしてサバ缶で夕食にした。何日ぶりかのインスタントごはんがとても美味しく感じられた。

四月九日（火）

ホテルを出て、空港近くの駅から電車に乗り、ニューブランズウィックに向かった。ラトガース大学の図書館で、福井大学からの交換留学生・内藤君と待ち合わせた。

ラトガース大学は、福井藩士・日下部太郎が在学した大学である。日下部は、長崎で英語の勉強をして留学し、優秀な成績で同大学を卒業したが、ニューブランズウィックにいる時に結核を患い、亡くなっている。

当時の日本の留学生たちの中には、彼の葬儀に参列した者もいる。そういう経緯から、ラトガース大学と福井大学は交流を持つようになり、現在に至っている。

今回のアメリカ旅行の計画にあたり、福井市に問い合わせると、「福井大学から交換留学でラトガース大学に留学している学生がいる」と言われ、その学生を紹介してもらった。その学生が内藤君だった。

図書館の学芸員の方が、用意していた資料を見せてくださった。当時のラトガース大学のグラマースクールの写真や、日本の留学生の集合写真（これは日本でも紹介されている）や、当時の大学の正面入り口の写真（現在もほとんど同じ正門）などを見せてもらった。

ラトガース大学

現在の大学正門

１８６５年ごろの大学

大学付属のグラマースクール

ラトガース大学は、ニューヨークに着いた啓次郎たちが、先年留学していた藩士たちと会ったところである。見せていただいた写真に啓次郎たちの姿はなかったが、啓次郎の兄たちや勝海舟の息子である勝小鹿などが写っていた。

啓次郎たちは、十月の末にニューブランズウィックに着き、十一月の初めにはニューヘイブンに向かっている。啓次郎たちのラトガース大学滞在は二日程度だった。

四月十日（水）、十一日（木）

いよいよ、啓次郎が滞在したニューヘイブンに向かう。

ニューヘイブンに向かうには、ニューヨークペンシルバニア駅で電車を乗り換えなければならない。前もって福井大学からの交換留学生・内藤君に、ペン駅までのサポートを頼んでいた。

内藤君には授業があり、「午前中ならいい」ということだったので、午前中だけ付き合ってもらうことにした。

案の定、駅構内は複雑だった。チケットの購入にもパスポートの提示を求められた。彼はチケットの購入を手伝ってくれ、地下ホームに降りるゲートまで案内してくれた。彼がいなかったら、おろおろしてどんなにか不安を感じていたことだろう。（感謝）

ニューヘイブンから先は、啓次郎が滞在したところを北上一直線でたどっていけばいいのでわかりやすい旅になる。内藤君とペンシルバニア駅で別れ、ゆったりとした気分でニューヘイブンに向かった。

ニューヘイブンはエール大学のある町で、啓次郎が渡米後最初に生活をし、グラマースクールで勉強した町である。

さっそくエール大学を訪ねた。大学は町の中心部に位置していた。下町の一角すべてがエール大学の敷地であることにびっくりした。

訪ねたい人が働いているのが何という名前の図書館だったか思い出せず、ビジターセンターで尋ね、その図書館を教えてもらった。

紹介された図書館に到着し、その訪ねたい人について尋ねるがわからない。しかたなく次の図書館に行ってみた。教えてもらった図書館で尋ねるが要領を得ない。職員は機転を利かせて、日本語を話せる学生を連れてきてくれた。

「母親が日本人」と話すその学生は、私の意図する内容を職員に伝え、職員はその人の名前をパソコンで検索してくれた。

学生は、「その方は、最初に訪ねられた中央図書館（スターリング記念図書館）の、東アジア図書館におられます」と教えてくれた。図書館の職員が電話で呼び出してくれた。「中村治子」という女性だった。

「中村さんはスターリング記念図書館の二階にある東アジア図書館にいる」とのことで連絡をとり、時間を決めて面会することにした。

中村さんは、あらかじめ啓次郎に関する資料の検索を図書館の学芸員に依頼してくれていた。机の上には何冊かの資料が用意されていた。「コピーはできないけれども、必要なところの写真は撮っても良い」と許可をいただいた。

それにしてもその図書館のセキュリティーは万全で、バッグをロッカーに入れて、パスポートの提出まで求められ、まるで空港並みのセキュリティーチェックだった。

ちなみに、アメリカの空港のセキュリティーチェックは、靴まで脱いでかごに入れなければならないほどとても厳しかった。(日本の空港では、とてもそこまではやっていない。)帽子をとり、ベルトをはずし、ポケットに入れているものまで、とにかくすべてをかごに入れてチェックボックスを通過する。私はなぜか毎回、身体検査をされた。

モニターを覗き見ると、毎回、何もないのに何ヶ所かチェックポイントが映し出されていた。肩こりのシップ薬一つも貼っていないのに、どうして?と言いたくなるくらい、毎回も呼び止められ、身体をチェックされた。

中村さんは「東アジア図書館日本学司書」という肩書きだった。図書館が所蔵する日本資料のコレクションに関する仕事で、図書館を訪れる日本の学者などの対応をしているとのことだった。

私は、「啓次郎たちが滞在していたグアンネームの屋敷があった場所に記念碑などはないか」と彼女に尋ねてみた。

するとと彼女は、「グアンネームの官舎は、現在もそのままスターリング記念図書館のすぐ近くにありますよ」と言って案内してくれた。

その屋敷は石造りで、百五十年前の状態そのままに図書館のすぐ近くに残されていた。「ここがあの啓次郎が滞在していた屋敷か」と思うと、感動のあまり手が震えた。写っていないと大変だと思い、何回もシャッターをきった。

現在は学生寮になっていて、内部の案内まではできないとのことだった。

翌日は、ゆっくり休養するには絶好の小雨の日だった。しかし、写真やビデオがうまく撮れているかどうか気になり、もう一度グアンネームの屋敷の写真を撮りに行った。

前日は屋敷の前に車が止まっていたので、「できれば今日は止まっていませんように」と願いながら屋敷へ向かった。すると幸運にも、この日は家の前に車がない写真を撮ることができた。

ついでなので、エール大学の開学当時の建物の写真も撮りたいと思った。

ビジターセンターで尋ねると、「センターのすぐ近くに在る」と教えてくれた。ラトガース大学のような正門はなかった。その代わり、市民がくつろぐ公園などもあり、開放された大学という印象を受けた。

あらゆるところにエール大学関係の建物が建っていた。

開学当時のエール大学正門

スターリング記念図書館

グアンネームの屋敷

四月十二日（金）、十三日（土）

今日からは、ニューヘイブンからグリンフィールドまで電車で北上する旅になる。まずはグリンフィールドまでの途中にあるハートフォードに立ち寄る計画だ。ハートフォードは、ニューヘイブンから電車で一時間ほどのところにある。

ハートフォードで撮った啓次郎の写真（P57ページ）は残されているが、今でもハートフォード高校が存在しているのか、そこに啓次郎の学籍簿は残されているのか、啓次郎たちがケプロン校長に送った小箪笥はどこに残されているのか、などについて日本からメールでコネチカット歴史博物館に問い合わせをしていたが、返事をいただけていなかった。少しでもその疑問が解決できたり、謎を解くヒントでもわかったりすればと、期待に胸を膨らませていた。

私の英語が通じないといけないと思ったので、インターネットで問い合わせる時は、私の日本語の文章をパリで生活する娘に送って英文に変換してもらい、それをインターネットでアメリカに送るという手間のかかる方法で問い合わせをしていた。だから、英語が通じていないはずはないと思っていた。ただ、無視なのか資料がなかったのかはわからないが、何も返事をもらえていなかった。

そんな中、まずは、コネチカット歴史博物館ミュージアム&ライブラリーを訪ねた。博物館ミュージアムには学芸員がいて、啓次郎が在学した高校の資料を探してくれた。当時の在学名簿に啓次郎の名前はなかった。四時間以上かけて親切にいろいろと探してくれたが、収穫はなかった。

学芸員は「ハートフォードパブリックライブラリーにはあるかもしれない」と紹介してくれた。

市内にあるその図書館を訪ねた。図書館二階にあるアーカイブは、その日は休館だった。

そこで、インフォメーションに行き図書館のメールアドレスをもらい、とりあえずホテルに帰ることにした。

退学させられた啓次郎がハートフォードに移ったこと、そしてそこで高校に入った時に仲介してくれた人物のことなど、いままでずっと謎だと思っていたことがいろいろわかるかもしれないと期待していたが、結局どれも謎のまま解明することはできなかった。

せっかくハートフォードに二日間滞在する計画を立て、調査できるようにして臨んだのだが、めぼしい成果が得られなかったのはとても残念だった。

退学させられた啓次郎が、ハートフォードの高校に入る際に仲介した人物がいるとすれば、当時のコネチカット州の教育局長官のB・G・ノースロップと、米国代理公使の森有礼《ありのり》との間で、何らかのやり取りがあったと考えられるが、その資料は今のところ見つかっていない。

日米中交流関係図

図1　日米中交流関係図

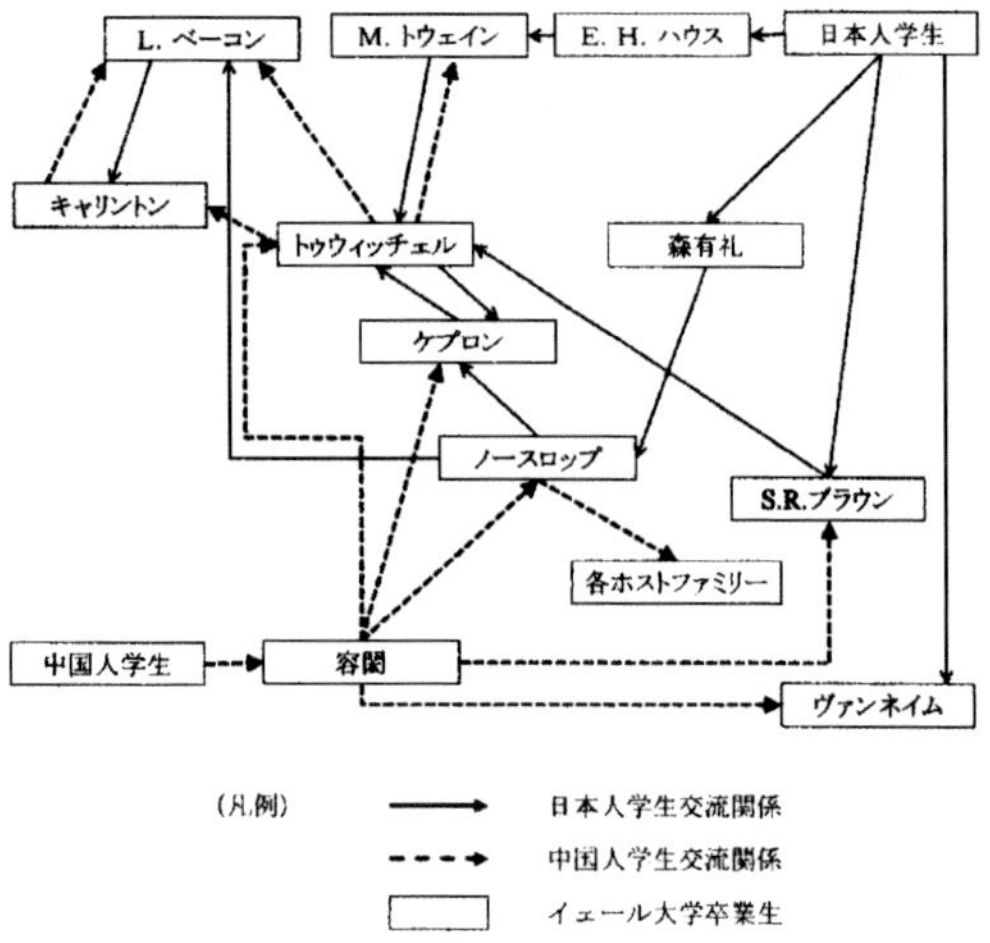

日本人と中国人の留学に関して、当時の関係図からも、森有礼とノースロップとの関係が推察できる。

啓次郎がエール大学のグラマースクールを退学させられて、ハートフォード高校に入学した経緯も、おそらく森有礼とノースロップ、そしてノースロップとケプロンの関係から考えると、四月二日にお会いした時にウイリアム教授が話してくれた推測の内容で間違いないと思われる。

四月十四日（日）

次の日はスプリングフィールドに向かった。

ここには啓次郎が滞在したという資料は残されていないが、ボストンに行く中継の町なので、バス会社などを確認しておきたかった。

スプリングフィールドへの移動は唯一バスを使った旅になる。一泊だけの計画を立てた。

バスは、「グレイハウンドバス」から「ピーターパンバス」の二つの会社のバスに乗り換えることになる。

これらの二社のバスはそれぞれ乗り場が違っているが、前もって十分に調べることができずにいた。しかしその不安は、スプリングフィールドに着いて解消できた。

二つのバス会社のカウンターは駅の構内に並んで在った。インターネットに出てきたデータとはまったく違っていた。そこでボストン行きのチケットの予約もできたのでありがたかった。

バスは、同じバスストップを使って運行されていた。ピーターパンバスのチケットセンターでチケットの予約をしていると、「この時間以降のグリンフィールドまでの電車はたった一本しかなくて不便だから、電車は使わずにバスで行ったほうがいいよ」とチケットセンターの女性にアドバイスされた。

そこで、次の訪問地のノースアンプトンまでのピーターパンバスのチケットを購入し、そこからグリンフィールドまでは、ノースアンプトンに到着してから、同じくピーターパンバスのバスセンターでチケットを購入することにした。

また、グレイハウンドバスのカウンターでは、グリンフィールドからスプリングフィールドまで引き返すチケット、そしてスプリングフィールドからボストンへ行くチケットを購入した。これでボストンまで安心して旅ができ、ずっと懸案だった難題をクリアすることができた。

安心した私は町を少し散策し、あまりおいしくない中華料理のディナーをとり、就寝した。

四月十五日（月）

スプリングフィールドからノースアンプトンまでは三十分くらいだと聞き、バスに乗りこんだ。ところが、ここでも失敗をしてしまった。

宿泊する予定のホテルの名前は「ハンプトン・イン・ハードリー・アマーストエリア」で、バスのチケットセンターで「ノースアンプトン、アマースト」という表記を見つけた。私はてっきりそこがホテルの最寄りのバスストップだと思いこんでしまい、そこまでのチケットを買った。チケットを買う時に、ホテルの名前を告げて最寄りのバスストップを尋ねてからチケットを買っていれば間違いは起こらなかったのだが。しかし、それは後の祭りだった。

ホテルの場所はインターネットの地図で確認していた。その地図には、「ホテルはノースアンプトン郊外の橋を渡って右に曲がったところにある」と書かれてあった。

バスは、ノースアンプトン郊外の橋を渡ると、右には曲がらずまっすぐに走っていく。「たぶんこれは行き過ぎている」と不安になった。しかし、そんな不安を感じている間に二十分ほど経ち、「アマースト」という町に着いてしまった。

「これはまずい」と焦ってバスの運転手のところに行き、自分が行きたいホテル名を告げた。

するると運転手は、「そのホテルのバスストップは通り過ぎてしまったよ。反対側のバスストップで待てばバスがすぐ来るから待ってなさい」と言うので、そこで降りて反対側のバスストップで待つことにした。

しばらく待つと、たしかにバスがやってきた。しかし、何となく不安で、近くにいた中国系の夫婦に英語で聞いてみた。すると彼らは、「このバスで間違いない。乗れ」と言い、運転手にホテルの名前まで伝えてくれた。

バスの運転手は、ホテル「ハンプトン・イン・ハードリー・アマーストエリア」の近くのバスストップで降ろしてくれた。

ノースアンプトンは啓次郎が滞在した土地ではなかったが、一緒に留学した児玉章吉がノースアンプトンにあるウイルストン神学校で一年間学んでいる。おそらく啓次郎は彼を訪ねて遊びに行ったりしたのではないかと想像するが、記録は何も残っていない。

バスを乗り過ごすトラブルがあったのでホテルに着くのが遅くなっていたが、ホテルのスタッフが「タクシーで二十分くらい」と言うのでウイルストン・ノースアンプトンスクールを訪ねることにした。タクシーのドライバーは、「帰りも必要なら呼んでくれ」と会社の電話番号をくれた。

受付の女性の案内でテーラー・リチャード氏を図書館に訪ねた。図書館には二人の職員がいて、白髪でひげを蓄えた年配の男性に尋ねると、彼がテーラー・リチャード氏本人だった。

日本から来たこと、そして以前メールでやり取りをしたことを伝えると、私の名前を憶えていてくれて握手を求めてきた。

彼は、児玉章吉が住んだアパートメントや、神学校の写真、当時の神学校近辺の地図などをコピーしてくれた。非常にやさしく親切で穏やかな感じの老人だった。

彼の写真を撮っておけばよかったと後悔した。

児玉章吉は、イーストアンプトンの神学校で英語の勉強をしていた。幕末から明治にかけての日本の書籍がエール大学には多く残されているが、その収集について児玉章吉がかなり尽力したことなどもこの訪問で知ることができた。（児玉章吉は啓次郎と一緒に留学した佐土原藩士で、留学時は「日高次郎」と名乗ることもあった）

〈ウイリアム・D・フレミング教授の論文〉

『須原屋茂兵衛の「御書籍目録」とイエール大学日本書籍コレクション成立の秘話』の中に書かれている「グアン・ネームの忘れられた日本人留学生たち」に、啓次郎や児玉章吉のことが非常に興味深く書かれている。

ウイリアム・D・フレミング教授は演劇学が専門だが、エール大学の図書館で調べ物をしている時に、偶然佐土原の留学生の資料を見る機会があり、興味を持たれたとのことだった。それが研究の始まりで、何篇かの論文を発表されている。

児玉章吉が勉強していた
ウイリストン神学校

THIRTY-FIRST

ANNUAL CATALOGUE

OF

Williston Seminary,

EASTHAMPTON, MASS.

MAY, 1872.

BOSTON:
PRESS OF RAND, AVERY, & CO., 3 CORNHILL.
1872.

18 WILLISTON SEMINARY.

ENGLISH CLASS.

NAMES.	RESIDENCES.	ROOMS.
Frank Mortimer Allen,	*Collinsville, Ct.,*	45 M. H.
Arthur Jared Best,	*Chatham Vill., N. Y.,*	Mansion House.
James Bierce,	*Cornwall Bridge, Ct.,*	Mansion House.
Russell Bierce,	*Cornwall Bridge, Ct.,*	Mansion House.
Simon Cameron, jun.,	*Harrisburg, Pa.,*	Mansion House.
Charles Miller Cochrane,	*New York,*	Mansion House.
Daniel Thomas Dyer,	*Canton, Ct.,*	56 M. H.
Thomas Thompson Eckert, jun.,	*New York,*	Mrs. Gregory's.
Harris George Emmons,	*Hinsdale,*	60 M. H.
Charles Walton Eoff,	*Jersey City, N. J.,*	Mrs. M. B. Parsons's.
William Beveridge Fowler,	*Hoosac Falls, N. Y.,*	25 N. H.
Monroe Griswold,	*Windsor, Ct.,*	19 S. H.
Kevork Haroutunian,	*Trebizond, Turkey,*	86 M. H.
Archibald Heighway,	*Cincinnati, O.,*	22 N. H.
Sheridan Heighway,	*Cincinnati, O.,*	22 N. H.
John Jay Heiser,	*New York,*	Mansion House.
Presley Thornton Jenkins,	*Washington, D. C.,*	2 N. H.
Ziro Kodama,	*Sadowara, Japan,*	Mansion House.
Muggerdich Kureoorian,	*Tocat, Turkey,*	Mansion House.
George Byron Lynch,	*Jersey City, N. J.,*	54 M. H
Frank Seymour Milliken,	*New Orleans, La.,*	Mr. W. G. Taylor's
Wilber Ephraim Mills,	*Collinsville, Ct.,*	Mansion House
Elmer Bradford Packard,	*North Bridgewater,*	24 N. H
William Patton, jun.,	*Springfield,*	Mansion House
Watson Timothy Phelps,	*Northampton,*	45 M. H
George Arthur Randall,	*Falls Village, Ct.,*	Mansion House

児玉章吉が住んでいたアパートメント（上）と学籍簿（左）

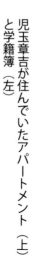

学籍簿の下から9行目（前頁、下線部）に、「次郎児玉（章吉のこと）、佐土原・ジャパン」と書かれている。

児玉章吉がなぜウイリストン神学校に学びに行ったかははっきりしない。だが、彼はグアンネームから非常に気に入られていたことや、グアンネームがエール大学の神学部で講義をしていたこと、グアンネームの妻ジュリアの従兄弟《いとこ》の一人が神学部に在籍していたこと、エール大学はウイリストンの卒業生が目指すべき大学の一つであったことなど、エール大学との関係が深かったことから児玉章吉の入学が実現したものと思われる。

「帰りも必要なら呼んでくれ」と言って帰っていった先ほどのタクシードライバーに連絡すると、二十分くらいで来てくれた。

翌日の朝、ノーサンプトンのピーターパンバスセンターで、グリンフィールド行きのバスチケットを買えばいいと思っていたが、「ノースアンプトンからグリンフィールドまで時間はどのくらいかかるのか？」とタクシードライバーに聞いてみると、「三十分くらい」とのことだった。

少し疲れているのでノースアンプトンのホテルからグリンフィールドのホテルまでタクシーを利用することにし、「明日の朝十時にホテルまで来てくれ」と、再度そのタクシーを予約した。

四月十六日（火）

約束どおり十時に来てくれた昨日のタクシーでグリンフィールドのホテルに向かった。ドライバーが「何しにここに来たのか？」と聞くので、百五十年前日本の若い侍たちが留学してきたことなどについて片言の英語で説明した。

この日のホテルは、グリンフィールド駅から歩いて三十分ほどのところにあった。明日のバス移動の不安もあったので、しばらくホテルで休んだ後、バスストップの確認を兼ねて町の散策に出かけた。

アムトラック（全米鉄道旅客公社）電車のグリンフィールド駅は驚いたことに無人駅で、ホームの長さが五十メートルもない小さな駅だった。啓次郎の旅の最北端の町・グリンフィールドは、その昔も本当に小さな田舎町だったということだろう。

市内を循環しているバス会社の職員に聞くと、「一番端にグレイハウンドバスのバスストップがあるよ」と教えてくれた。

スプリングフィールドからバスに乗ったとき、バスセンターのチケット売り場を見つけていたので、同じようなバスセンターがあるのだろうと思っていた。「さらにほかの会社のバスセンターがあったらちゃんと見分けがつくだろうか」という不安もあった。

啓次郎のグリンフィールドでの滞在の記録は、当時の新聞記事が残っている。ただ、啓次郎の名前があったわけではなく、「日本人が来た」程度の小さな記事だった。たぶん啓次郎自身が遊びに来たのか、八人の留学生のうち誰かが滞在していたということなのだろうが、現時点では定かではない。

いずれにしても啓次郎の滞在は一週間か二週間だったのではないか、というのがカリフォルニア大学のフレミング教授の意見だ。

この後、啓次郎はワシントンのアナポリス海軍兵学校に向かっているので、たぶん教授の意見は正しいのではないかと思われる。

四月十七日（水）

グリンフィールドまでの北上の旅を終えた私は、次の目標地ボストンを目指すため、ひとまずスプリングフィールドに向かった。そこからしかボストン行きのバスが出ていなかったからだ。

グリンフィールドで、スプリングフィールド行きのバスを待った。しかし、何となく不安になり、近くにいた人に英語で尋ねた。すると、「そこで待てばスプリングフィールド行きのバスが来る」との確認が取れたので、そのまま十時出発のバスを待った。

ところが、十時になってもまだバスは来ない。

五分遅れで、ようやくバスが来た。しかし、これはニューヨーク行きのバスで、「この後にスプリングフィールド行きのバスが来る」と言われたので待つことにした。

グリンフィールドからスプリングフィールドまでは一時間ほどで、そこから出るボストン行きのバスは、十四時三十分の出発だから充分に時間があり、慌てる必要はない。

結局そのバスは、二十分ほど遅れてやってきた。

スプリングフィールドの駅に着いた私は、駅の構内で昼食をとることにした。

「サブウェイ」で長いパンを買い、半分に切ってもらった。パンに詰めるハムやトマトの量も多かったので、手ぶりで「少なめにして」とお願いし、カット野菜も少なめに注文した。マヨネーズもたっぷりかけようとしていたので、適当なところでストップさせた。黙っていたらとても食べきれない量になっていただろう。

難しい注文を終えたあと、コーヒーも注文しようとしたが「コーヒーはない」と言われたので、しかたなくコーラで食事をした。


ピーターパンバスのボストン行きのバスは、定刻にスプリングフィールド駅を出発した。

バスは快調に走り出した。だが、冷房が効きすぎていた。しかし、乗り合わせている乗客からのクレームはまったく出なかった。

私は寒くてドライバーに話そうとしたが、「ベリー・コールド」くらいしかしゃべれないし、それでもじゅうぶん通じるのだが、寒いのはたぶん私だけなのだろうと思って話すのをやめた。

大体外国人は体温が高いのか、寒くても半そでで過ごしている人が多いように思える。幸いにもダウンジャケットを持参していたので、それを着てその場の寒さをしのぎ、かろうじて風邪をひかずに済んだが、悪夢の二時間あまりだった。

ボストンに着いてからがまた大変だった。バスは、バカでかいサウスユニオンステーションの地下駐車場に到着した。何とかステーションの外に出ることはできたが、渋谷や原宿のように人でごった返していた。

この先ホテルまでどう行けばいいのか、さっぱり見当もつかない。

またもや不安が募り、近くにいる人に尋ねた。するとその人は、「このまままっすぐ行けばいい」と教えてくれたので、そのまま歩くことにした。しばらく歩くと、横浜中華街で見るような朱塗りの門が見えてきた。


ホテルは、インターネットで確認した時は「中華街の近くにある」とのことだった。なので「そろそろ見つかるかな」と思った。しかし、中華街を通り抜け、あたりを探すがまだ見つけられない。

通りがかりの赤ちゃん連れの夫婦がいたので、思いきって尋ねてみた。すると、旦那さんがタブレットで検索し、方向を確認しながら十分くらい探してくれて、無事にホテルにたどり着くことができた。


子どもを連れてどこかに向かっていたはずのその夫婦は、奥さんもニコニコしながら後をついてきてくれた。非常に恐縮して「サンキュー」とお礼を言うと「ハバ・ナイスディ」と言って手を振ってくれた。

四月十八日（木）

今日はボストンで終日過ごした。

ボストン共立図書館を訪問したかった。アーカイブに日本の明治初期の留学生の資料が残されていて、インターネットを通じて必要なものは入手できていたが、どんな図書館なのか興味があり、見てみたかったからだ。

「ホテルから十五分くらい」だというので歩いて行ってみた。

また、そこから十五分くらいのところにボストンレッドソックスの球場があった。

その日は休養日に充てていたので「野球観戦でもしよう」と思ってホテルのフロントに問い合わせてみた。「今日はヤンキースとの三連戦で、試合はニューヨークで行われている」とのことだった。

そのうえ、あのボストンマラソンも十五日の月曜日にすでに終わっていた。もう少し綿密な計画を立てておけばよかったと後悔した。残念。

ジョン万次郎が暮らした捕鯨船の船長の家や記念館にも行ってみたかったが、ボストンから百キロくらい離れたところに在るとのこと。連日の疲れもあり、その後はおとなしくホテルで休養することにした。

四月十九日（金）

旅の計画も最終盤に入り、最後にぜひ訪ねてみたかった、ワシントンＤＣにあるアナポリスの海軍兵学校の見学を残すのみとなった。

シカゴからナイアガラの滝のあるバッファローへ行く際にも飛行機トラブルが起こったことでナーバスになっていたので、その後は間違いのないようにより気を付けるようになっていた。しかし、それでもまたもや飛行機トラブルに巻きこまれてしまった。今度は自分のミスではなく、考えてもいなかったトラブルだった。

その日は、ボストン発十一時の飛行機でワシントンＤＣへ行く計画だった。ところが、定刻近くになっても空港内の案内板は表示されず、遅れることの時刻表示だけが次々に変わる。

あげくの果てに、「今日のフライトはできない」とアナウンスがあった。たぶん機体に何か不備でも見つかったのだろう。どうしたらいいか思案に暮れたが、ひとまずホテルに引き返すことにした。

ホテルに戻ると、フロントの女性が私を覚えてくれていた。一泊の延長をすることができた。
しかし、今日行く予定にしていたワシントンのホテルには、その日から三泊の予約をしていた。ワシントンのホテルに行けなくなることで、その予約すべてがキャンセルになってしまうと大変なので、ワシントンのホテルに電話をしてその説明をしようと思った。しかし、それをフロントに頼める英語力が私にはない。

そこで、娘にメールを送り、返事を待つことにした。
「飛行機のトラブルで明日行くことになった。宿泊は明日と明後日の二日間に変更し、予約をそのままにしておいてほしい」という英文を依頼した。返事はすぐに返ってきた。
フロントの彼女にそのメールを見せると、「ワシントンのホテルに連絡を入れておきましょう」とやさしい対応をしてくれた。

安心した途端に腹の虫が鳴きだし、中華街に行ってお腹を満たした。

〈娘から送られてきたメール〉
Helo I have made a reservation to stay at your hotel but I can not check in today because My flight is having some trouble today. I will be coming tomorrow so please keep my reservation for tomorrow . thank you

四月二十日（土）

計画より一日遅れでワシントンへ向かった。ボストン空港に着くと、また表示が変だった。行き先が「ワシントンＤＣ」になったり「ＣＨＡＲＬＯＴＴＥ《シャロット》」になったりしていた。

トラブルがすっかりトラウマになってしまった私は、隣に座っていた大学生らしい女性にすぐに聞いた。

彼女は、「ＴＯ・ＣＨＡＲＬＯＴＴＥ」「ＴＯ・ＷＡＳＨＩＮＧＴＯＮ」と教えてくれた。私は、「そうか、これは経由地の表示なんだな」と理解した。それまで私は、飛行機はワシントンまで直行するものと思いこんでいたので、経由するという意識はなかったのだ。「アイ・アンダースタンド」と私が答えると、彼女はにっこりと笑顔を返してくれた。

シャロットにはボストンから二時間半で着き、次の乗り継ぎの便まで二時間ほど時間があった。その間に昼食をとった。

シャロットから四十分ほどでワシントンＤＣに到着した。シャロットで待っている間にゲートチェンジが三度あったが、このときは中国系の学生がサポートしてくれた。

ワシントンに着いて夕食まで時間があったので、「ホワイトハウス」に見学に行き、写真やビデオを撮ってきた。

四月二十一日（日）

ホテルのフロントでスミソニアン博物館に行くルートを聞き、昨日撮ってきた写真を見せて、「これはホワイトハウスですか？」と尋ねた。

するとバルト関（エストニア出身の元大相撲力士）にそっくりの彼は、にっこり笑ってこう言った。

「それは国会議事堂ですよ」

そして、本物のホワイトハウスとスミソニアン博物館へのルートを教えてくれた。

街はイースターでにぎやかだった。ホットドッグや飲み物を売る軽トラックなどがずらりと並び、多くの人が休日を楽しんでいた。

最初に、ホワイトハウスから見学に行くことにした。

ホワイトハウスの反対の道路に何かの集団を見つけた。「デモの行進かな」と思いながら、近づいてくるその集団を見ると、先頭の人が赤いフラッグを持っている。そして大声で話していた。

近づいてみてようやくわかった。それは中国の観光客の一行だった。それぞれフラッグを持つガイドを先頭に、何組かの観光客で周辺は非常ににぎわっていた。

中国人観光客は、ホワイトハウスが二、三百メートルくらい先に見える場所で、柵でガードされて遠くに見えるホワイトハウスをバックに、それはにぎやかに写真撮影をしていた。

私もビデオを少しズームアップして、何枚かホワイトハウスの写真を撮った。あまりの中国人の多さにバブルの絶頂期にあるかのように思える中国の勢いを感じた。

ホワイトハウス見学を終えた私は、次はスミソニアン博物館見学に向かうため、まずは一旦ホテルに戻って昼食をとってから出かけようと思った。しかし、ホテルに帰る道がわからなくなり、迷ってしまった。

ホテルのフロントマンから「まっすぐ行くとホワイトハウス」だと教えてもらっていたので、まっすぐ帰ればホテルに着くはずなのだが、どこでどう間違ったのだろう。なかなかホテルに着くことができない。後で考えると、どうやらホテルの周辺をぐるぐる回っていたようだった。

路上で立ち話をしていたポリスに尋ねた。すると、「俺が連れて行くよ」とでも言ったのか、私に「ついて来い」というようなジェスチャーをした。百メートルくらいついていくとホテルの角に出た。私の「サンキュー」に「ハバ・ナイスディ」の笑顔が返ってきた。

無事にホテルに戻って、しばらくしてスミソニアン博物館へ向かった。スミソニアン博物館の周りにはアメリカ歴史博物館などがあり、イースターが重なったこともあって大勢の人々でごった返していた。

フランスのルーブル美術館やベルサイユ宮殿もそうだが、とても一時間や二時間で見終えられるものではない。展示物の多さと見学客の多さで、なおさらゆっくりと見て回ることはできなかった。アメリカ歴史博物館にも行き、二つの博物館をそれぞれ一時間半くらいで見学して回った。

スミソニアン博物館では特に恐竜やマンモスが見たかったので、ビジターセンターで聞こうとした。

だが、持参した旅行英会話のマメ本で探したが言葉が見つからない。娘にメールを送って尋ねた。恐竜は「dynasor《ダイナソウ》」だった。

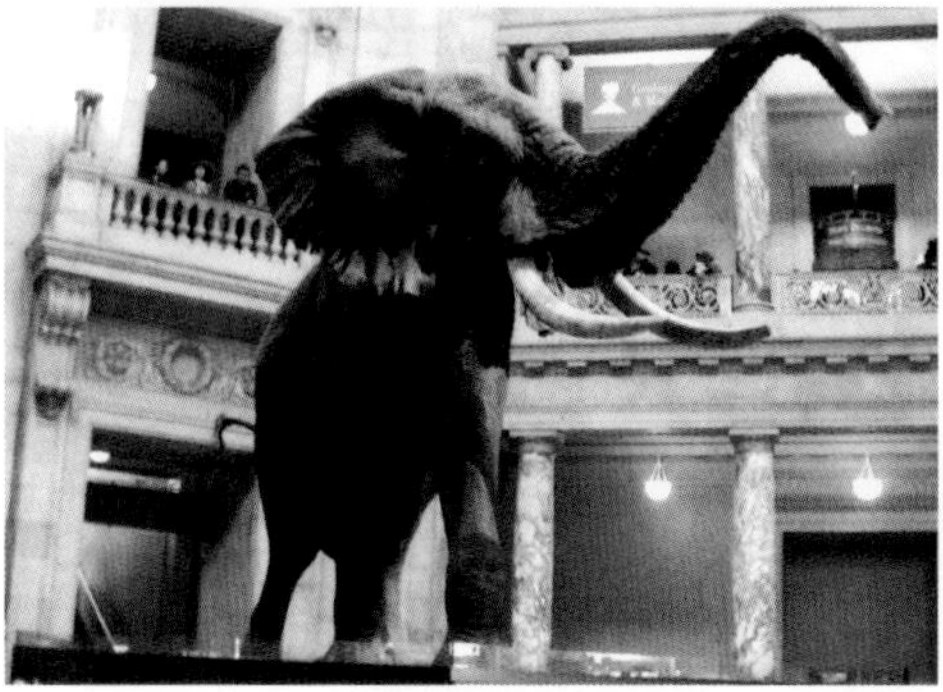

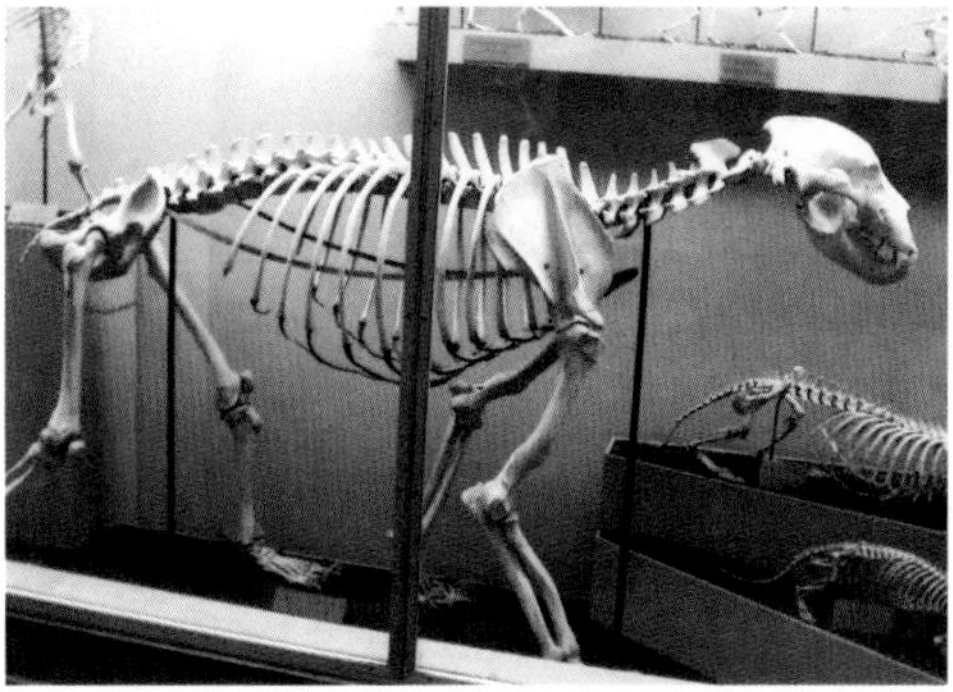

スミソニアン博物館（上３枚）

ホワイトハウス

アメリカ合衆国議会議事堂

四月二十二日（月）

いよいよ、最後の目的地であるアナポリスに向かうことになった。

しかしワシントンDCからアナポリスに行くバスは、一日一便しかなく不便なので、旅行計画時にツアーバスでのアナポリス海軍兵学校見学を予約していた。

九時ちょうどにホテルの玄関に集合することになっていたので、少し前に行って待っていると八時五十分くらいにバスが来た。

「高橋です」と挨拶しながら運転手がバスから降りてきた。日本人の運転手兼ガイドだ。

客は私一人だった。「これはついてる」と思った。久しぶりの日本語で会話が弾んだ。高橋さんは「ワシントンに住んで二十五年になる」とのことだった。たくさんの私のわがままを聞き入れて付き合ってくれた。

高橋さんは、海軍兵学校についてこんな話をしてくれた。

「海軍兵学校の敷地は、普通のゴルフ場の四個分あります。学長は海軍中将で、教授陣は制服組とシビリアン組がおよそ半々で二〇〇〇人、生徒数は約四〇〇〇人です」

「教授陣は、学部長クラスの人は敷地内にある一戸建ての住宅に家族と住んでいます。入学生は一三〇〇人くらいで、卒業するのはだいたい八五〇人くらいです。四年生までの四〇〇〇人近い生徒が全員寮生活です」

「四〇〇〇人近い生徒の為に、車の大きさはわかりませんが、毎朝ミルクタンク車一台、ジュースタンク車一台が来ます。生徒の学費・生活費はすべて国の税金です。生活に必要なものすべてが支給されます。一年間に生徒一人に掛かる費用は約一千万円くらいだそうです。五年の任官義務があり、任官拒否をする学生はほとんどいません」

「彼らは国防の為に働く意識と、自分たちは国民の税金で勉強しているのだという感謝の気持ちが非常に高い。もちろんエリート集団です」

「年間の観光客は一〇〇万人ほどあります。彼らはカメラを向けられても顔を背けることはありません。多くの観光客が来るので慣れているのと、国民の税金で勉強させてもらっているという感謝の気持ちなどから来るものです。海軍兵学校となっていますが、ここは理数系の単科大学です。海軍にももちろん医者が必要です。何人かは卒業後、医科大に進む生徒がいます。もちろん学費その他すべて税金で賄われます」

「アポロ計画でも宇宙飛行士で活躍した生徒がいます。航空母艦には戦闘機が搭載されていますが、その操縦にも卒業生がかかわります。ここに学生の顔写真がありますが、これは四年生の顔写真です。四年生になると誰が一番優秀なのかわかります。一番上がトップⅡで、これではこの女性が一番優秀ということで、全学生にもわかりますし、観光客にもわかります。彼女が昼のセレモニーで号令をかけます」

帰るまでにまだ時間があったので、アポイントはとっていなかったが、以前メールのやり取りをしていろんな資料を提供してくれていた、海軍兵学校の図書館に勤務しているアダム・ミニコウスキーさんに面会したいと思い立ち、無茶だとは思ったがガイドの高橋さんにお願いしてみた。

高橋さんは、「海軍兵学校には図書館が何ケ所かあります」とのことで、最初に訪ねた図書館の職員に聞いて、ミニコウスキーさんの働いている図書館を探してもらった。

ミニコウスキーさんに面会を申し込むと、受付の人から、「ミニコウスキーさんは確かにいますが、今は昼の食事に出ているので十三時十五分ごろに来てください」と言われた。

高橋さんが「今日は幸運に恵まれましたね。これから学生たちのセレモニーがあります。せっかく時間があるのですから学生寮の広場に行きましょう。タイミングが良かったです。なかなか見ることはできませんよ。十二時五分には学生たちが集まってきます。ミニコウスキーさんとの面会はそのあとでじゅうぶん間に合います。急ぎましょう」と言うので、すぐに学生寮広場に向かった。

十二時に授業が終わると、学生たちは一斉に寮の前に集合してきた。学生のブラスバンドが行進曲を吹奏し、四年生の成績トップの女性が号令をかけ、それに呼応して何隊かに分けられた学生たちが行進しながら食堂に入っていく。セレモニーは十五分ほどで終了した。

百五十年前に在籍した肥後藩の横井佐平太が、親友に送った書簡の中でアナポリス海軍兵学校の毎日のタイムスケジュールや授業科目などを紹介している。その中に、このセレモニーのことも書かれてあった。

その後、図書館に引き返し、ミニコウスキーさんを待った。しかし、十三時半を過ぎても帰ってこない。二階の彼の部屋も覗いてみたが、帰っている気配はなかった。ツアーの契約時間も迫っていたので、ミニコウスキーさんへのお土産を図書館の女性に託し、アナポリスを後にした。

ミニコウスキーさんからメールで、「土曜日、日曜日は一日休みで図書館にはいません」と聞いていたので、「月曜なら」と思いこんで行ったのだが、私の詰めが甘かったようだ。

それにしても、偶然見ることができた、学生たちの厳粛かつ整然とした雰囲気のセレモニーはとても感動的なものだった。「啓次郎も百五十年ほど前に、おそらくこれと同じセレモニーに参加していたのだろうなぁ」と思った。

当日撮ったビデオを日本に帰って見直してみると、あまりにも感動しながら撮影したせいか手ブレが激しかった。しかし私の友人は、この旅行最大のイベントの部分を何とかDVDに編集してくれた。

ただ、やはりビデオはかなり手ブレがひどかったらしく、友人は私にこう言った。

「アナポリス海軍兵学校のビデオだけを、もう一度撮影に行って来たら?」

アナポリス海軍兵学校

１８７０年から１８７３年頃の制服

四月二十三日（火）

今日はワシントンからロサンゼルスに向かう。

ワシントンでも空港でトラブルが起きはしないかと今までのいくつかの悪夢が頭をかすめた。シャトルバスに乗り合わせた人と運転手との会話の中に「ロス」という言葉を聞いたので、すぐに運転手と話していたその人に「私もロスに行くのです。英語をしゃべれないのでサポートしてくれませんか」とお願いした。四個ものバッグを持った陽気なそのおじさんは「ＯＫ」と親指を立てた。

おじさんは空港でも終始親切で、空港職員に「この人は英語が話せないのでサポートしてくれ」と話してくれた。おかげで、今回のチケット確認はスムーズにできた。

そのおじさんとはロサンゼルスの荷物受取場でもふたたび顔を合わせた。彼は、私の「サンキュー」に親指を立てて、笑顔で「ハバ・ナイスデイ」

ホテルでチェックインをしていると、カウンターに日本人のホテルマン（女性）が出てきて挨拶してくれた。「何か不便なことがあれば遠慮なくどうぞおっしゃってくださいね」と言ってスタッフルームに入っていった。サンフランシスコのホテル、アナポリスのガイドに続いてロサンゼルスのホテル、これでアメリカに来て日本人と話すのは三人目だった。

ロサンゼルスのホテルで、自分の英語力のなさに落ちこむ出来事があった。

日本人のホテルマンの女性に会ってから二時間後くらいに、明日の行動がスムーズに行くように彼女にアドバイスをもらっておこうと思い、ふたたびフロントに向かった。「日本語を話せるスタッフはいますか？」と何回か英語で尋ねたが、「このホテルにはいません」との返事が返ってきた。

でも、確かに先ほどフロントに彼女はいたのだ。そのことを何とか説明しようと考えた。

しかしどうしても、「チェックインする時にはいましたよね」という英語が出てこない。

後で考えてみた。「私がチェックインする時にはいましたよね」ともし英語で言えていたら、たぶん彼らは、「あー、彼女のことか。それならもう仕事が終わって帰りましたよ」と答えてくれたに違いない。

その一言が出なかったことが悔しかった。旅行英会話の本のどこを探しても載っていない。「もう少し英語をしゃべれていたら…」と落ちこんだが、しかたがない。

遅い昼食に、ホテルの前にあるマクドナルドに行った。これまでマクドナルドを何回か利用したが、アメリカ人好みの味で、おまけに何もかもがバカでかい。しかたなくこの日はチキンナゲットとフライドポテトとコーラで昼食をとった。スターバックスのサンドウィッチの味も口に合わず、菓子パンとバナナとコーヒーを注文することがあった。

明日のロサンゼルスから羽田までは、きっと日本人も何人かいるに違いないと思うと、何となく安心して寝ることができた。

四月二十四日（水）

ロサンゼルス空港の待合に行くと、日本のパスポートを持っている人を何人か見つけた。やはり思ったとおりだ。その中の一人に声をかけた。

その青年は、「ロサンゼルスとサンディエゴに友だちがいるのでサーフィンをしに来ました」と話してくれた。

彼が「食事やトイレの時は荷物を見ていますからどうぞ」と言ってくれたので、お互いに荷物を見合って買い物などの用事を済ませた。ここから羽田まで約十一時間。ゆっくり寝ようと考えていたが、なかなか寝付けなかった。

飛行機の中で、先ほどとは別の青年としばらく話をした。彼は、「両親とも日本人ですが、自分がテニススクールに入っていて、現在はアメリカに住んでいます。単身赴任で大阪にいるお父さんに会いに行きます」とのことだった。

さらに彼は、「両親に迷惑をかけています。プロを目指しています。七歳ぐらいからアメリカにいます。両親とも日本人で日本語を話すことはできますが、細かい言葉の理解にはちょっと苦しみます。両親に恩返しをしたいと考えています」と話した。まるで錦織圭や大坂なおみの世界の話だなぁと思いながら聞いた。

「ランキング百位以内でないと生活していけないので、何としてでもプロを目指しています」とも言っていた。

羽田から父親の住む大阪に向かうというので、「プロになったら私のメールアドレスに連絡してね」と言って私は名刺を渡した。十九歳の青年だった。こんなふうに夢の実現に頑張っている青年もいるのだなぁと感心した。

そんな話をしているうちに、いよいよ日本が近づいてきた。やがて、房総半島から羽田の海が見えてきた。

「羽田に着いたら、宮崎までの飛行機の待ち時間に何を食べようかな。ラーメン？　寿司？　焼き魚定食？　それとも大好きな青椒肉絲《チンジャオロース》に白ご飯かな？」

でも、結局二階レストランで、寿司とビールで一人で乾杯！
私の旅行は、無事終了を迎えた——。

今回の啓次郎の渡米後の軌跡を追う旅は、彼がどんなところで勉強し、生活をしていたのか、実際にその土地に降り立ち、そこでわずかでも時間を過ごすことで、当時の空気の一端でも感じてみたいという興味から始まった。
しかし、田舎の爺さん、しかも一人旅の珍道中の感は否めない。

一ヶ月あまりの旅行だった。次の訪問地に行くたび、飛行機に乗り遅れては大変だと思い、ホテルのフロントにモーニングコールをお願いしていた。しかし、どこのホテルでもモーニングコールを待たずに目が覚めた。
おそらく旅行の間中、緊張でアドレナリンが出っぱなしだったのだろう。

今回の旅行は、もちろんどこを訪ねても、町並みに百五十年も前の面影など少しも残っていなかった。しかし、わずかではあるが残されていた資料や、エール大学に残されていたグアンネームの屋敷、アナポリスでの学生のセレモニーなど、非常に興奮、感動させられることに出会えたことが、旅の貴重な経験と収穫だった。

多くのトラブル、ミステイクもあった。

一番困ったのは食事、二番目が英会話。五十代のころに娘の留学先のオーストラリア・メルボルンに四、五回行ったことがあり、その時は何でも美味しく食べることができた。今回の旅でも食事のことは何も心配していなかった。しかし年を取ったせいもあるのか、なかなか今回は食事を受け付けなかった。ボリュームとしつこい味についていけなかった。

英会話は、オーストラリアに行くたびに、「次に行く時までには英会話をマスターするぞ」と思っていた。しかし、元来のよだきんぼで飽きっぽい性格の私は、結局「うどん屋の釜」で終わってしまっている。

タブレットやアイフォンを持っていかなかったことも大きなミスの一つだった。タブレットがあれば、スカイプもでき日本の情報を見ることもできる。文章を打ってその日の記録もできたはずだった。同様の機能を持つアイフォンでもよかった。

ガラ携は外国対応ができることを知っていたので、ガラ携と、手のひらサイズの翻訳機を携帯していたので、それで間に合うと思っていた。翻訳機は街中でもどこでも使用できるものと思っていたが、Wi-Fi《ワイファイ》のあるところでなければ利用できなかった。自分の認識不足・勉強不足を思い知らされた。

ビデオカメラの撮影も、もう少し勉強しておくべきだった。

しかし、片言の単語を並べる会話と、娘のサポートなどがあったことで何とかなった。アメリカ人の親切、ホテルマンたちの親切、メールで打ち合わせをさせてもらっていた方々の協力、そして計画段階からの娘の協力、それらがなければ今回の旅行をクリアすることはできなかった。とても慌ただしい旅行だったが、多くの方々の親切、協力に改めて感謝します。

また、私が旅行中に撮影したへたなビデオのＤＶＤの編集・制作に協力をいただいた黒木保弘氏（宮崎市在住）にも感謝します。

最後に、旅行中の大きな出来事を記録して道中記を終わりにしたい。

（二〇一九年四月）
タイガーウッズのマスターズ復活優勝（四月十四日）
フランスのノートルダム寺院の火災（四月十六日）
スリランカのテロ事件（四月二十一日）

第五章　帰国〜佐土原へ

一八七六年四月、アメリカ留学を終えた啓次郎は「Nevada（ネバタ）号」で日本へと向かい、横浜港に降り立った。一八六九年に佐土原を出発して六年半ぶりの帰国だった。

「啓次郎様、これからどちらに？」

同じ船でアメリカ留学から帰ってきた赤羽四郎が啓次郎に聞いた。

「はい、私はひとまず東京の佐土原藩邸に参ります」

「そうですか。私はこの足で会津に帰ります」

赤羽四郎は会津の出身で、戊辰戦争（一八六八年〜一八六九年）では会津若松城に籠城して戦った白虎隊の隊士だった。

戊辰戦争では敵味方に分かれ命をかけて藩のために戦っていた者同士が、アメリカでは留学生として日本人同士親しく交流していた。

啓次郎は、山川健次郎と赤羽のことを自作の漢詩に登場させて詠むほど親しい間柄になっていた。

「私も山川さんと会いたいですし、郷里の藩士の供養もしたいと考えています。その時またお会いいたしましょう」

赤羽と啓次郎は、横浜の港に近い料理屋で、無事の帰国とこれからのお互いの活躍を祈念して祝杯を挙げて別れた。


啓次郎たち留学生がアメリカに向けて横浜から出航した五年半前に比べると、横浜の街は少しの変化を見せていた。約三十キロではあったが、横浜の桜木町と新橋との間に鉄道が開通していた。ガス灯も港周辺をぼんやりと照らしていた。

しかし、アメリカの発展に比べるとまだまだ及ばないものだった。

アメリカでは、すでに一八四〇年代には鉄道網が整備され始め、啓次郎たちが乗った大陸横断鉄道も一八六九年には開通していた。

啓次郎は、横浜の街並みを眺めながらアメリカでの日々を懐かしく思い出していた。

赤羽と別れた啓次郎は、桜木町から新橋まで汽車に乗り、新橋から芝三田綱町の佐土原藩邸まで小雨の中を歩いた。しばらくすると、懐かしい藩邸の外塀が見えてきた。

藩邸の門の前に立った啓次郎は、ふーっと一つ大きな息を吐き、門の扉をゆっくりと叩いた。

「御免、開門をお願いしたい」

しばらくして木戸口の窓から声がした。

「どなたでしょうか？」

「啓次郎です。ただいまアメリカから帰国しました。父上に取次ぎをお願いしたい」

「おお、啓次郎様。確かに啓次郎様でございますね」

「そうだ、啓次郎だ」

「ああその声、確かに啓次郎様ですね。ハイハイ、今すぐに門を開けます」

門が開いた。そこには懐かしい爺やの顔があった。

「啓次郎様、無事のお帰り、おめでとうございます」

「爺やも元気そうで何よりだ」

「啓次郎様、いつお帰りになりました？」

「今日だ。先ほど横浜に着いて新橋から歩いてきた」

「それは、それは。雨の中を大変でしたね」

爺やは、啓次郎の濡れた手と足を手ぬぐいで丁寧に拭き取った。

人の気配がして振り返ると、父・忠寛が立っていた。啓次郎はすぐさま姿勢を正し、言った。

「父上、ただいま帰りました」

「啓次郎、長旅で疲れたであろう。さぁ、まぁ上がりなさい」

「無事に帰国することができました。いろいろとご迷惑、ご心配をおかけいたしました」

「まぁよい。啓次郎らしくて良い。堅い挨拶は抜きじゃ。さぁさぁ」

やんちゃな面影がまだ残っているが、すっかりたくましく落ち着いた青年に成長した末っ子を、忠寛は満面の笑顔で出迎えた。

啓次郎はその夜、五年半ぶりに畳の匂いのする部屋で深い眠りの床に就いた。

翌日、父・忠寛の計らいで、啓次郎が無事に帰国したことを祝う宴が兄・忠亮も参加して行われた。

啓次郎は、アナポリスの海軍兵学校を中退してしまったことを父と兄にまず詫びた。

「父上、誠に申し訳ありませんでした。ただ、これからは富国強兵、国を強くすることも大事ですが、私は教育の大事さを感じています。今後は佐土原に戻って学校を作り、これからの国を担う人材の育成をしたいと考えています」

「そうか、それは良い志じゃ。確かにこれからは新しい国をつくるために優秀な人材を、世界に通用する人材を育てる必要がある」

忠寛は、二人の兄たちとは違う道を歩こうとしている啓次郎をたのもしく見つめた。

「それはそうと啓次郎、おぬしアメリカでもやんちゃをしたそうだな。武勇伝も伝え聞いているぞ」

忠亮は、留学中に知り合った恋人と思われる「寧丁《ネッティ》」というアメリカ人女性の話などを持ち出して啓次郎をからかった。

「兄上、アメリカでの話は勘弁してください」

啓次郎は赤面し、恥ずかしそうにほほえんだ。
途中から次兄（大村純夫）も加わり、その夜の楽しい宴は夜遅くまで続いた。

啓次郎は、しばらく江戸屋敷で長旅の疲れを癒したあと、氷川町の勝海舟を訪ねた。

「勝先生、ただいま帰ってまいりました」

「おう、啓次郎か。よう帰ってまいったな。帰国のことは父上から聞いておったぞ」

勝は、初めて父・島津忠寛に紹介され息子・啓次郎と会った時、その澄み切った目の中に坂本龍馬の面影を重ねながら見たことを改めて思い出していた。

龍馬は、一八六二年（文久二年）に第十六代福井藩主・松平春嶽に紹介状を書いてもらい、赤坂・氷川町に勝を訪ねている。

その後、龍馬は一八六七年に暗殺され、三十一歳のとても短い人生を惜しまれながら終えてしまった。

啓次郎は、勝にも海軍兵学校を中退したことを詫びた。勝は息子・小鹿と啓次郎の海軍兵学校の再入学に尽力していた。

勝は黒船来航以来、外国の戦力に対抗できる海軍設立の必要性を感じていた。神戸海軍訓練所を作り、龍馬をその教授にと考えていたが、龍馬が暗殺されたことによりその夢は破れた。

「龍馬の後継に」と考えていた啓次郎の海軍兵学校中退は、勝にとって非常に残念なことだった。

「ところで啓次郎、これからどうする？」

勝は啓次郎に尋ねた。

「先生、私はとりあえず東北を旅しようと考えています」

「ほう、それはまたどうしてかな？」

「はい、戊辰戦争で亡くなった佐土原藩士たちの弔いの旅をしたいのです」

「そうか、それは良いことじゃ」

「私は十一歳の少年でしたので、戊辰戦争で戦うことはありませんでした。しかし、私とともに鹿児島に留学した二人の藩士が、あの戦いで命を落としてしまいました。戦争で亡くなったその藩士の墓前に、線香の一本でも上げて供養をしてきたいのです」

勝への帰国の挨拶を済ませた啓次郎はすぐに京都に向かった。まずは箱根の戦いで戦死した御牧重太郎が眠っている京都の大雲院を訪ね、その足で東北に向かった。

五月の奥州街道はまだ寒く、山には雪が残っていた。そこに、白河の長寿院に眠る籾木勇太郎の墓があった。

籾木の墓参を済ませた啓次郎は、次に赤羽四郎のいる会津若松まで足を延ばした。赤羽とは横浜で別れてまだ日が浅かったが、彼に山川健次郎の消息を尋ねたかったのだ。

赤羽は、「山川は東京にいる」と話した。

山川は一八七一年に国費留学生としてアメリカに留学し、一八七五年にエール大学を卒業し、日本に帰っている。帰国後は東京大学に登用され、東京大学の総長になった人物である。

啓次郎は山川に惜別の歌を詠っている。この歌はおそらく、啓次郎がアナポリスの海軍兵学校に在学中か、アナポリス海軍兵学校を退学してニューヘイブンのグアンネームの屋敷にいる時に詠った漢詩だと思われる。

のちに啓次郎の漢詩は『老仙詩集』として編集されるが、その中に山川に対する惜別の歌と、赤羽のことを詠んだ歌、そしておそらく留学中に知り合ったのであろう恋人「寧丁《ネッティ》」のことを詠んだ歌が残されている。

〈啓次郎の漢詩〉

送山川健次郎
泰山之溶勢淩雲　鴻鵠高飛志不群
学業巳成遠西去　期君能立百年計
胡国小寒春惨々　今宵残燭涙紛々
一杯須盡別離酒　奈何明朝千里別

寄入道
路隔江河萬里雲　眼前難見日思君
夢中乍亦悤々見　猿呼遠山深夜聞

贈赤羽入道　於江道

巳忘世事宿蓬蒿　雲裡山間興自豪
弧枕逍遙行地遠　草華空濶仰天高
只隣入道獨分此　頻検寧丁共不教
磊落人生唯有二　使君興我起風曹

「又」と題して

片月照空房　難眠弧枕涼　寤思入道潔
寝夢寧丁姿　入道豪蕩人　寧丁窈　娘
我喜雄興美　所期奈波翁

夢寧丁

昨夜夢寧丁　寧丁大寧丁　江湖離別遠
玉笛興誰聴

　四月二十九日に東京を発った啓次郎は、一ヶ月ほどで東北方面遍歴（佐土原藩士の墓参）を終え、ふたたび東京に戻ってきた。

　東京に到着した啓次郎は、今後の身の処し方を相談するため、すぐに勝の自宅を訪ねた。

「勝先生、島津啓次郎です。ただいま帰ってまいりました」

　啓次郎の訪問を待ちわびていた勝は、帰ってきたばかりの啓次郎にすぐさま今後のことについて尋ねた。

「啓次郎、佐土原に帰って子弟の教育をすることも非常に良いことだが、東京に残る気はないか。いま国には新しい学校を創る計画がある。お前のこれまでの経験を生かしてそこで働いてみないか。宮内省の上杉公が教授を探している。啓次郎なら新しい日本の教育にぴったりだと思う。協議会で啓次郎の意見も聞きたいということだ。私から推薦しておいたので一度上杉公に会ってみないか？」

「先生、わかりました。会ってみましょう」

　啓次郎は、勝の「国の新しい学校」という言葉に心引かれ、間髪入れずに承諾の返事をした。

啓次郎の返事に、勝は上機嫌になった。

アナポリス海軍兵学校を中退したことは勝をがっかりさせたが、『これからは武より文（教育）のほうが世の中に必要になる。自分は優秀な人材を育てたい』と話す啓次郎がまさか断ることはないだろう」と上杉公へ期待を込めた書状を一筆書き、啓次郎に持たせた。

「上杉公」とは、米沢藩の十三代藩主・上杉茂憲公のことである。当時上杉公は東京に在り、宮内省の第二部長職で、華族会館で啓次郎と面会した。

啓次郎と対面した上杉公は、学習院の設立に関して意見を聞き、教授就任を打診した。

学習院の前身は、皇族・華族の為の教育機関で、京都に開校されていた「学習所」である。華族会館経営の学校として開校されようとしていた学習院にとって、アメリカ帰りの啓次郎は新しい時代にふさわしい人材だった。

しかし、啓次郎は、「皇族・華族の為の教育機関としての華族会館経営」という設立意図がどうにも気に食わなかった。学校は、広く門戸を開き、だれでも教育を受けられることを第一として、その理念の基に創られなければならないと考えていたからである。そして実際に、佐土原に帰ってそんな学校を創ろうとしていた。

啓次郎はその場で上杉公の依頼を断ろうと思った。しかし、勝の推薦ということもあり、「次回の協議会の案内があった時でも」と思い直し、その日はそのまま華族会館を後にした。

数日後、啓次郎のところに華族会館から協議会出席の書状が届いた。「出席するにあたり羽織袴を着用」と書かれていたうえに、「出席可有之候也」（出席之あるべく候なり＝出席しなさい）とあった。

「人にものを依頼するのに、出席しなさいは無礼だろう」と立腹した啓次郎は、「出席可無之候也」（出席之なくべく候なり＝欠席致します）と断りの返書を出した。

学校開設の意図も啓次郎の考えとは程遠く、このような一つひとつの出来事も腹立たしく思えたことで、啓次郎は結局学習院の件を断ることにした。

勝にこれまでの経緯を話した啓次郎は、またもやせっかくの推薦に応えられなかったことを謝罪した。そして、当初の計画のとおり佐土原に帰り、自分の経験を生かして人材育成に力を注ぐことを改めて勝に報告し、芝三田綱町の藩邸に戻った。

「父上、兄上、私はやはり佐土原に帰ります。学習院の件も、私の目指す教育には程遠く、断りました。勝先生から、海軍の教習所の教官のお話もいただきましたが、規則に縛られた教習所は私の性格に合いそうもありません。アメリカ留学のことに始まり、アナポリス海軍兵学校への推薦、再入学に対するご尽力、そして今回の学習院の件など、勝先生には本当にご迷惑を掛けただけで、先生や父上の期待にも応えることができませんでした。誠に申し訳なく思っております。今後は佐土原で優秀な人材を育成し、世の中に少しでも貢献したいと考えています」

忠寛と忠亮に佐土原への帰還の許可を得た啓次郎は、勝に別れの挨拶に出向いた。

挨拶を終えると啓次郎は言った。

「勝先生、佐土原に帰る前に、ぜひ西郷という人物に会ってみたいと思っています」

「それはまたなぜ？」

勝は、啓次郎からの突然の申し出を不思議に思い、尋ねた。

「西郷隆盛は下野して現在鹿児島におられます。私が聞いたところによりますと、彼は『私学校』とかいう学校を開き、子弟の教育に尽力していると聞いております」

当初西郷は明治政府の中枢にいたが、征韓論に敗れ、官を辞して鹿児島に戻り、私学校を創り子弟の教育をしていた。啓次郎は、西郷という人物への興味だけでなく、彼がどのような理想の基に子弟教育をしているのかを見てみたいと思った。

啓次郎は、勝に頼んだ西郷への一封を胸に江戸に別れを告げ、鹿児島へと向かった。

啓次郎は、東北の旅から帰った次の日に勝海舟を訪ねている。そしてその時、勝にW・C・ホイットニー（経済学者）を紹介された。

一八七五年（明治八年）に森有礼が商業学校設立の構想を持ち、ホイットニーを日本に紹介した。来日の際に不手際があったが、勝の協力・寄付などで商法講習所（のちの一橋大学）が開所され、ホイットニーは教授として教鞭を執った。

啓次郎が「ホイットニーと経済論を話し合った」ことが『海舟日記』に書かれている。そのホイットニーと対等に話し合える様子からも啓次郎の博学ぶりがうかがえる。

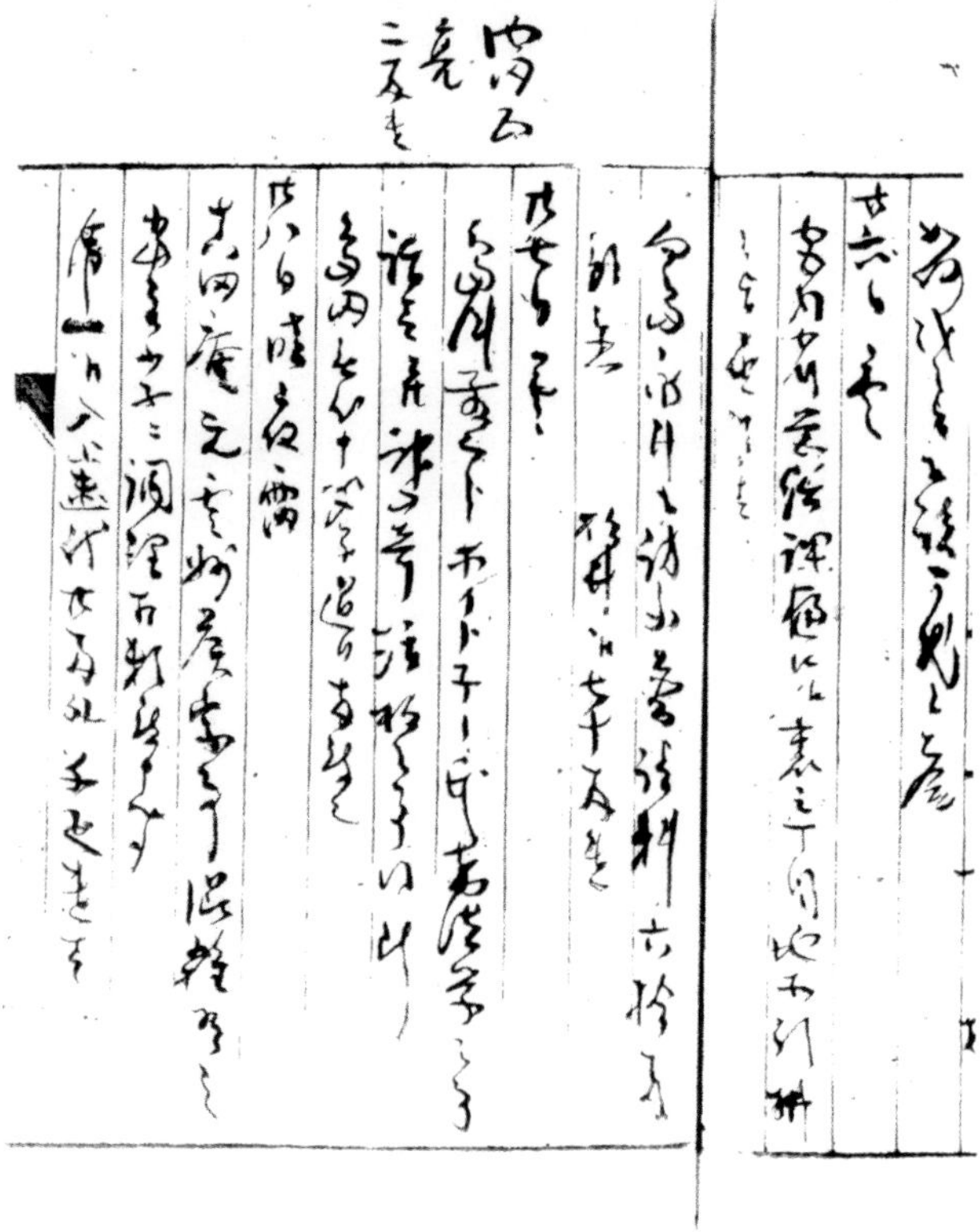

ホイットニーと経済論を話し合った
（『海舟日記』より）

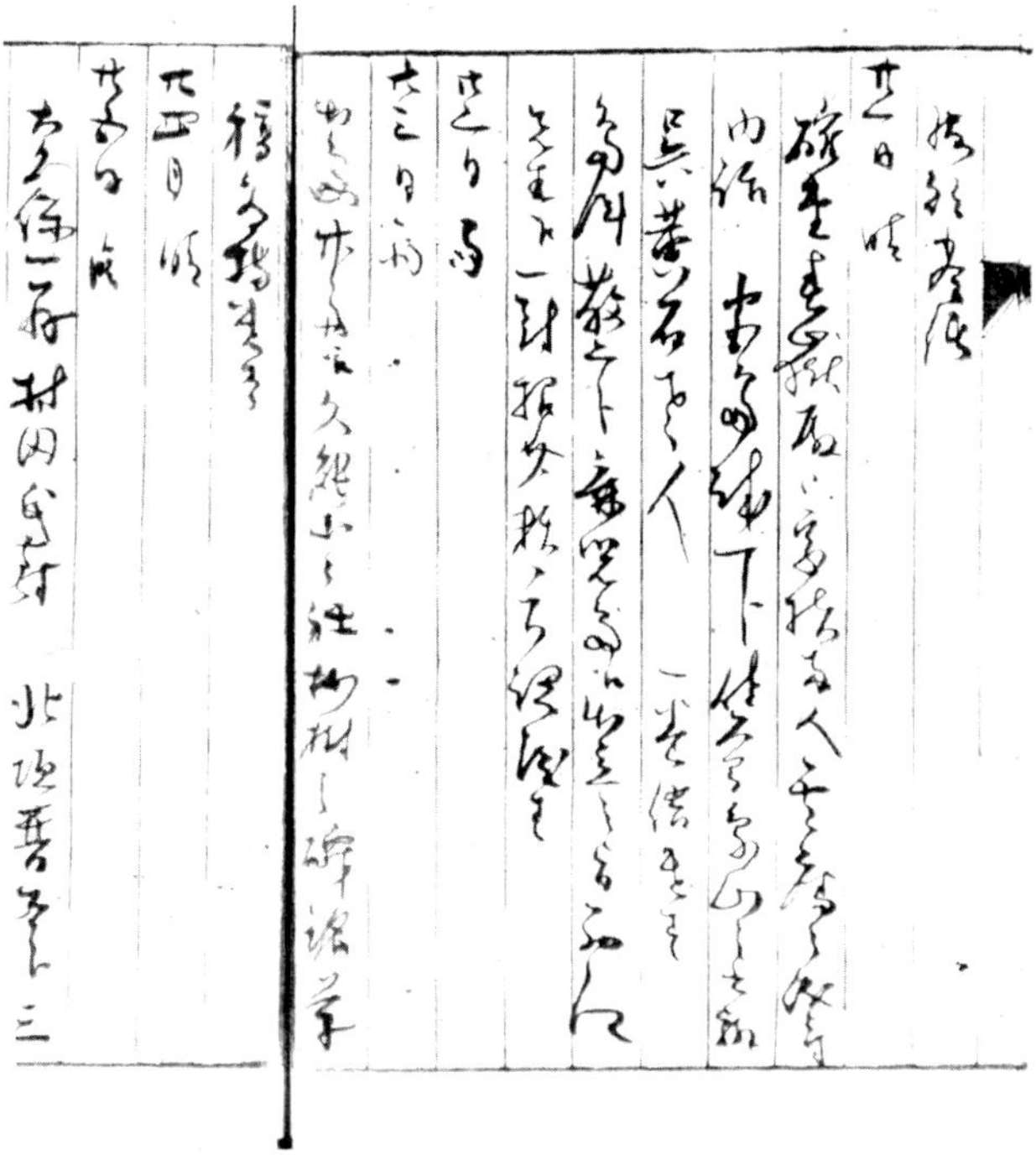

海舟が啓次郎に依頼されて書いた西郷への一封
（『海舟日記』より）

鹿児島に到着した啓次郎は、休む間もなく有村温泉に西郷を訪ねた。そして挨拶もそこそこに、西郷に私学校の現状について尋ねた。

西郷は、私学校での教育の主な内容について、「学校設立の真の目的は、漢文の素読と軍事教練で、鹿児島にくすぶる不平士族の暴発を防ぐことにある」と話した。そのため、入学できるのは士族郷士に限られていた。

西郷から聞いた私学校の理念は、啓次郎の理想とはかけ離れたものだった。

西郷は、薩摩と江戸にいたことで外国の事情についてそれなりに知ることはできていた。しかし留学の経験まではなかったために、「外国を肌で感じる」などの深い理解を得られるところにまでは至っていなかった。

そんな西郷が、置かれている状況の打開策として創ったのが私学校だったのかもしれない。もし西郷に、人種差別は少なからずあるものの自由で平等な外国の空気を身をもって感じる機会があったならば、私学校とは違った理念の学校になっていたかもしれない。

啓次郎は、西郷の私学校と自身が理想とする教育との大きな考えの違いを痛感し、「教育についてはもうこれ以上、西郷と議論を交わすまでもない」と思った。

勝海舟が啓次郎の依頼で西郷宛に書いた紹介状の一封は、残っていない。それればかりでなく、啓次郎が西郷に面会した記述や記録も残っていない。勝からの手紙を西郷が粗末に扱うことはないはずなのだが…。

西郷との面会を終えた啓次郎は、十年前に通った薩摩街道の風景を懐かしく眺めながら佐土原への帰路についた。十歳の時に見た去川の関の大イチョウ(現・宮崎市高岡町にある)が、初夏を思わせる光の中で蒼くかがやいていた。明治九年梅雨明け。十二歳で佐土原を後にしてから七年ぶりの帰郷だった。

佐土原に着いた啓次郎は、まず養子として八年間お世話になった、広瀬にある町田宗七郎宅を訪ねた。町田家にはその後長男が生まれたために、すでに啓次郎との養子縁組は円満に解消されていた。

「ただいま帰りました。啓次郎です」

玄関に出迎えた町田宗七郎は、自分の目を疑うほどに驚いた。

身長五尺六寸(百七十㎝)、眼光鋭く、長髪の髪は肩まで届き、質素で短めの袴を着てすっかり落ち着き成長した青年・啓次郎が目の前に立っていたからである。

「啓次郎、よく無事で帰ってきたな。長年の留学、ご苦労であった。籾木先生(籾木熊男＝佐土原藩士、藩校学習館の教師)からもお前のことはご報告いただいていた。東京からいつ帰ってくるのか首を長くして待っていたぞ」

宗七郎の言葉を聞いた義母や奉公人も、久々の啓次郎を見に玄関先に集まってきた。

1876年（明治9年）19歳ごろの
写真　（撮影場所不明）

その夜は、アメリカ留学の積もる話で酒が進んだ。

啓次郎は、宗七郎にもアナポリス海軍兵学校の中退の事情を説明し、詫びた。宗七郎は話を聴きながら、啓次郎の性格からして規則に縛られての勉強はさぞや窮屈だったのだろうと悟った。

啓次郎帰国の報は、瞬く間に佐土原、広瀬の町中に広がった。

啓次郎は幼少期より気性が激しく、剣術が好きで、いつも仲間たちの先頭に立っていた。ところが気性の激しさの度が過ぎて、時々宗七郎にお灸を饐《す》えられていたほどであった。

当時を知る町の人々には、アメリカ帰りで一回りも二回りも成長した青年・啓次郎がたくましく、そしてまぶしく見えた。

次の日、啓次郎は広瀬の小牧秀発を訪ねた。

「御免、小牧様はご在宅ですか？」

「どちら様でしょうか？」

出てきた女中に啓次郎は言った。

「啓次郎です。島津啓次郎と言います。アメリカから帰ってまいりました。小牧様はご在宅ですか？」

女中は奥へ下がり、しばらくすると、奥から以前と変わらぬあの懐かしい小牧の声が聞こえてきた。

「おお、啓次郎様。本当に啓次郎様だ。おかえりなさい。ご無事でのご帰国、おめでとうございます。いつお帰りになられましたか？」

「昨日、佐土原に着きました。小牧様のほうこそお元気でしたか？」

小牧秀発は、十歳の時、鹿児島留学に随行して以来の九年ぶりの再会に、思わずにっこり微笑んだ。

「さあさ、ここではお話もできません。どうぞおあがりください」

二人の話は果てることなく続いた。酒が入るとますます話が弾み、一回り以上も年の差があるとは思えないほど打ち解けて、夜中までアメリカの話に花が咲いた。

小牧は目が不自由なこともあり、戊辰戦争にも参加せずアメリカ留学もしなかった。小牧はアメリカ留学を望んだが、優秀な小牧を佐土原に残しておきたいという藩主・忠寛の思いもあった。

「啓次郎様、これからどのようなことを計画されているのですか?」

帰国はしたが、島津家の三男坊にはこれといった職がないことを心配し、小牧が尋ねた。

「学校を創りたい。アメリカで学んだことなどを子弟たちに教え、優秀な人材を世に送り出したいと考えています」

子弟の教育には学問所が必要だし、学生も集めなければならない。小牧は父も認めている人物で、人望もある。啓次郎が鹿児島の重野塾に留学した際にも啓次郎の後見として随行している。啓次郎は、彼に頼むしかないと考えて小牧を訪ねたのだ。

「広く門戸を開いて、だれでも学ぶことのできる学校を創りたい」という啓次郎の語る熱のこもった夢と理想に、小牧は激しく心を動かされ、その場で協力を快諾した。

こうして小牧は、この後も啓次郎と行動をともにすることになる。

次の日、啓次郎は籾木熊男を訪ねた。籾木は啓次郎の恩師ともいえる人物だ。鹿児島留学に同行し戊辰戦争で戦死した勇太郎は、籾木の長男である。

「先生、ただいま帰ってまいりました。啓次郎です。島津啓次郎です」

「おお！　啓次郎か、しばし待て」

　書斎で本でも読んでいたのか、奥から足音がして玄関が開いた。

「おお！　啓次郎、本当に啓次郎なのだな」

　籾木は、確かめるように何度も啓次郎の名前を繰り返し呼び、顔を覗きこんだ。

「啓次郎、すっかり大人になったな。見違えたぞ」

　そう言うと、籾木は啓次郎を座敷に上げた。


　座敷に上がると、啓次郎はまず勇太郎の仏前に線香を上げた。

「先生、長い間ご無沙汰していました。無事に帰ってくることができました」

「長い間ご苦労だったな。ところで啓次郎、何歳になった？」

「はい、十九歳になりました」

　啓次郎は、京都から奥州を廻り、御牧重太郎と籾木勇太郎の墓前を訪ねたことを報告した。

「そうか、啓次郎は勇太郎より二歳年下であったのだったな。確か啓次郎が東京に行ったのは十二、三歳だったな。六年ほど留学していたということか」

籾木は、まだやんちゃだった啓次郎の幼少期を懐かしむようにそう語った。

そして籾木は、啓次郎のこれから先のことを心配して話を切り出した。

「啓次郎、学習館で英語の教師をするのはどうじゃ。子供たちに英語を教えてくれないか？」

「先生、私もこれからは教育が非常に大切だと思っています。私は学校を創って子弟の教育に身をささげたいと思っています。優秀な人材を育て、佐土原の為に、いや日本の為に働くことのできる人材を育てたいのです。英語はもちろん、私がアメリカで見聞きしたことを学生たちに教え、広く外国に目を向けられるような教育をしたいと思っています」

「それは良い。それは素晴らしいことじゃ。啓次郎が勉強してきたことを、ぜひこの佐土原の子供たちや青年たちに教授してくれ」

「はい、先生。広く門戸を開いて、だれでもが勉強できる学校を創りたいと思っています」

啓次郎は、先日小牧秀発を訪ねて学校設立の計画に協力の快諾を得られたことを話した。籾木も、啓次郎の計画におおいに賛同し、協力することを約束した。

啓次郎はアメリカから、籾木に宛てて以下のように近況報告をしている。

〈啓次郎が籾木に宛てた書簡（二通）〉

二白、御二男様宣御伝言被下度奉願候。

一翰　啓呈仕候。当時追々春気ニ相成居申候処、
先生愈御安康可被遊御座、誠ニ以テ奉恐賀候。尚平穏ニ御渡被遊度伏テ奉祈候。

然者当地ニ於テモ、万事平安、私元気ニテ勤功仕罷在候間、乍恐御放念可被下奉願候。

旦私ノ二兄ニモ相揃壮健出精被為在ニ付、左様思召可被下候。

平山氏ハ壮健ナリ、橋口氏昨年ノ十月ヨリ労廃ニテ遂ニ帰国ニ相成リ、実ニ気之毒ノコトト存候。旦ヨーロッパニテ三浦氏並木脇氏皆無事ニテ勤学有之居申候由。

追々書翰等遣取仕居申候。

児玉氏ハ今度帰国ニ相成申筈、付テハ先生モ必同氏ニ御面会可被成、然者当地ノ風モ好ク相知レ可奉存候。

右ハ御伺迄、児玉氏ノ便ニ任、荒々可得意乱筆如斯御座候。

西三月一日（明治六年）
籾木先生　閣下
町田啓次郎

〈訳文〉

追伸、御次男様（？）へどうぞ伝言をしていただきたくお願い申し上げます。

書簡を一通送り致します。だんだん春の陽気になってまいりましたが、先生はますます安らかにお過ごしのことと思います。こちらも万事平穏に事が進み、私も元気に勉学に勤しんでおりますのでご心配しないでください。私の次兄（武郎）とともに揃って元気で頑張っております。

平山（太郎）氏は元気にしておりますが、橋口（宗儀）氏は昨年十月より体調を崩してすでに（明治五年）に帰国しており、気の毒に思います。

ヨーロッパにて三浦（十郎）氏と木脇（良太郎）氏は皆さん何事もなく勉学に勤しんでいらっしゃるそうです。追って書簡などをやり取りしたいと思っています。

児玉（章吉）氏は今度帰国することになり、つきましてはぜひ彼とお会いしてみてください。

アメリカの様子などもよく知ることができると思います。

児玉氏との面会については私の勝手なご提案であり、また児玉氏よりお便りが届くと思いますのでそちらに任せることとして、ここまで大まかに乱筆を振るってしまいましたがこのあたりで失礼いたします。

拝啓

先生益御健康可被遊御座奉恐悦候。先頃平山ヨリ一封ヲ得申候ニ、先生ニモ度々御面会申上候由。又先生当世聖人之道衰ルヲ以憤慨被遊候由承リ、小生実ニ感服仕罷在申候。然ルニ是ノ耶蘇教トカ佛教類宗トハ、悉ク愚民ノ成リ立申候物ニテ、今日我日本国ノ人民愚ニシテ、右宗等ヲ一旦入レ申候トモ、何日カ斯ノ世間ノ開テ万事分明ニ相成リ申候コトハ勿論明ナルコトニ御座候。

然者其時ニ至ハ必実ノ人道ト云フ者分明ニ相成、自然ニ人間モ宗等ヲ笑様ニ相成筈ニ御座候。然者今日賢人君子ト云人ハ、仙人ノ如ク世ヲ避テ自ラ楽テ時ヲ待ツヨリ外仕方無御座候カト奉存候。

我一生ノ内ニ右ノ時来ルカ不来不知申候得共、賢路ハ何年立テモ有リ、又何時カ其路盛ニナル道理ニ御座候。小生モ矢張聖人ノ道ヲ尊ヒ学ヒ居罷在申候。

又学ブ程初メ先生ニ恩ヲ受申候事覚申候。今度愚兄島津帰朝仕候ニ付好便ニ付御伺迄棒愚札候。恐惶謹言

二千五百三十五年（明治八年）

町田啓次郎事

九月二十日

東州　百拝

〈訳文〉

拝啓、先生ますますご健勝のこととお喜び申し上げます。

先だって平山(太郎)より手紙をもらい、先生に度々面会していると申しておりました。

また先生が現代に聖人の道が衰えていることを憤慨していらっしゃったと聞き、私はとても感服した次第です。

ところでキリスト教や仏教といったものは悉く愚かな人々の為に成り立つもので、今日の我々日本の国民は愚かであり、一旦こういったものを受け入れはしましたが、いずれ世間が開けて全てが明らかになるだろうと思います。

そうするとその時には必ず人道というものが明らかになり、自然と人間も宗教などを笑うようになるはずだと思います。

ですから今日自分が賢人君子という人は、仙人のように俗世間を避けて自然と時を待つよりしかたがなくなるのではないでしょうか。

私の人生でそういった時が来るか来ないか、それはわかりませんが正しい道は何年経とうがそこに存在し、いつかその道が盛んになると思っています。

私もまた聖人の道を尊び、学んでいきたいと思っております。また学ぶにつれ幼年時に先生から受けた御恩を思い出します。

今度は兄（二人）が帰国いたしますので、良い知らせと思いご報告までと手紙を認めた次第です。

広瀬から少し離れてはいるが、西都の三納で廃寺になっていた谷照寺を小牧が探してきた。

谷照寺は住む人もなく荒れてはいたが、人里離れているので、学生と一緒に寝起きし、勉強をするには静かでとてもいい環境に在った。啓次郎も気に入り、ここでしばらく暮らして学問を教え、そのうち広瀬にも学校を作ろうという計画を立てた。

しかし、啓次郎はすぐに東京に引き返した。東京にいる祖母・随真院《ずいしんいん》の死去の知らせを受けてのことだった。

随真院は、側室の子で三歳で養子に出された啓次郎を不憫に思い、日頃からとてもかわいがっていた。

祖母の喪に服していた間に、今度は啓次郎が腸チフスに罹り、東京にそのまま残って療養を余儀なくされた。東京で勉強していた有村武英と中村道晴を伴ってふたたび広瀬に帰ってきたのは三ヶ月後の十月三十日のことだった。

体調が回復しきっていない東京帰りの啓次郎にとって、体を休めるのに三納の山中は最適であった。

啓次郎帰郷の報を聞いた小牧は、さっそく三納の山中を訪ねた。

啓次郎が三納の荒れ寺でどのような生活をしているのか、体調は元に戻っているのか心配だった。

啓次郎は、十人ばかりの書生と一緒に生活をしていた。

勉強会は、啓次郎が講義して時間を定めて討論会をするという形式で行われていた。討論に対して自由に意見交換をし、質問攻撃をしてその中から自分の意見を育てていくというものだった。

生活は、全員で自炊をし、順番を決めて水くみから湯沸かしまで、当番がいっさいを引きうける規則だった。啓次郎も、書生たちと同じように当番を務めていた。

このような啓次郎の、書生たちと行動を共にする姿勢は、小牧にとって大きな違和感を感じるものであった。しかし、これが民主主義、自由平等の思想に基づくものなのかと理解した。

啓次郎は、三納の山奥と広瀬を行き来しながらの生活をしばらく続けた。そして、小牧を訪ねては学校設立のための計画を日々練っていった。

啓次郎は、「咼分黌《きょうぶんこう》」という学校を創る計画を念頭に置きつつ、その前に「自立社」という勉強の場を広瀬の町に立ち上げた。自立社は、三納の谷照寺で青年を対象として行われていた勉強会を、壮青年対象として立ち上げたものである。五十人くらいが集まり、一日おきに啓次郎の講義や、読書会、討論などが行われていた。

自立社とは別に、広く子弟を集めて学校を創りたいという構想を持っていた啓次郎は、一八七七年（明治十年）二月五日、念願の学校「咼分黌」を、広瀬からも佐土原からも通学しやすい天神地区に開校した。

啓次郎と東京から一緒に帰ってきた有村武英、中村道晴らを教授陣として迎え、学生を広く募集した。

しかし、咼分黌は学生の募集をしただけで、結局授業を開始するまでには至らなかった。

第六章　西南戦争始末記 ～啓次郎参戦の謎

佐土原藩の西南戦争参戦は、一八七七年二月六日、小牧秀発が「西郷立つ」の知らせを鹿児島県の宮崎支所から持ち帰ったところから始まった。

小牧秀発は勤務していた宮崎支所に辞表を提出すると、すぐに佐土原に帰り、啓次郎が下宿していた和泉屋を訪ねた。

慌てた様子で入ってきた小牧に啓次郎が声をかけた。

「小牧様、どうしました？」

「啓次郎様、いよいよ西郷が動きました。西郷は政府に対して『尋問の義あり』と言って私学校の生徒を引き連れて東京に上るようです。鹿児島ではすでにその用意をしているようです」

明治政府が立ち上がり、国は新しい体制でのかじ取りを始めた。しかし、まだ安定した国家の体をなしてはいなかった。

啓次郎が帰国する以前、一八七四年（明治七年）には、江藤新平らをリーダーとした佐賀の乱が勃発したが、激戦の末に鎮圧された。啓次郎が帰国してからも、一八七六年（明治九年）に神風連の乱（熊本）、秋月の乱（福岡）、萩の乱（山口・萩）が勃発したが、政府軍の素早い対応で鎮圧された。

啓次郎は、「自立社」の幹部や子弟たちを急いで集めるように小牧に指示を出した。

自立社の前身は、啓次郎が西都の三納の寺で十人ほどで始めた勉強会である。その後、場所を広瀬の能勢二郎宅に移して五十人ほどが集まる勉強会になり、「自立社」と命名された。啓次郎はさらに、広く生徒を集めて子弟の教育を目的とした「扃文黌」という学校を、一八七七年二月五日に下田島の天神に開校したばかりだった。

小牧秀発は、自立社に集まった藩士を前に鹿児島県庁から宮崎支所に入った情報の詳細について説明した。

「皆も知ってのとおり、西郷は立った。それについて啓次郎様は皆の意見を聞きたいと仰せだ。我々はどうすべきか、忌憚のない意見を伺いたい」

小牧秀発の考えは西郷軍参戦に傾いていた。啓次郎もまた、維新に貢献した西郷に対する暗殺計画だけでなく、新政府の薩長を中心として特定藩閥政治家数名で行われている有司専制に対しても不信の念を募らせていた。

議論は白熱したが、賛否の意見は真っ二つに割れ、藩士たちの話はどうにもまとまらなかった。

「小牧様のお考えは？」

藩士の一人が小牧に尋ねた。

小牧は、啓次郎に話した自分の考えを、集まった藩士たちに向かって話し始めた。

「西郷は維新以来、国家に勲功があり、今は鹿児島に在っても陸軍大将の地位にある。私学校を創り、子弟を教育して、いつかはかならず国家の為に尽くす人物だ。そのような人物を暗殺するなどもってのほかだ。西郷らが政府に尋問しようとしていることはもとより、その大義は判然としている」

自重して動かないほうがよいとの考えの者もいたが、小牧秀発と同じように、かねてより心熱く西郷の人となりを信奉する者も多く、この小牧の言葉に呼応して衆議は決し、藩士たちの参戦の意思は固まった。

ひとまず、一、二名を鹿児島に向かわせ、挙兵に至った顛末を探ってくることになった。

全員の投票によって村田正宜、野村正道が選ばれ、菊池繁がそれに付き添って鹿児島に出発した。

ところが、村田らの知らせを待っている間にも、隣境の士族らは続々出陣しており、後れをとってはいけないと焦り始めた啓次郎たち佐土原隊も、急きょ村田らの報告を待たずに出陣することになり、「扃義隊《きょうぎたい》」と名づけられた二つの隊は二月九日に佐土原を出発した。扃文黌を開設してわずか四日後の出陣だった。

啓次郎たちの隊は二月十三日に鹿児島に入り、県庁で大山綱良（鹿児島県令）に面会し、私学校にも到着の報告をした。

翌日、啓次郎は島津久光公を訪ね、軍用金の借用を申し入れた。しかし、久光公は病気と称して面会せず、取次ぎの者に「用があれば磯御殿忠義（島津忠義）に行け」と伝えさせた。

啓次郎は磯御殿に行って忠義公に面会を求めた。啓次郎が軍用金の借用を申し入れると、忠義公は、「薩摩藩と佐土原藩は親戚関係にあるので、平時ならばそのようなことは何でもないことだが、今は非常の時なので、自分もその行動には充分慎重でなければならない。それで申し出の件についても、家臣の者とも協議をしなければならないから、今すぐというわけにはいかない」と言って断った。

翌日、忠義公は磯御殿に啓次郎を呼び、戦には参戦しないように説いた。しかし、議論はかみ合わず、啓次郎は軍用金の借用を得られないまま磯御殿を辞した。

結局、当座の軍資金は、佐土原を出る時に鳥原伊平次（佐土原藩の大阪蔵屋敷で会計事務に携わっていた藩士）から借り受けた千円のみであった。

局義一番隊と二番隊は、啓次郎が総裁となり陣頭指揮を執った。二月二十四日に熊本に入った佐土原隊は、白河川口の小島に陣し、海上からの攻撃に備えることになった。

三番隊、四番隊は三月九日に熊本に着き、田原坂の激戦に参加し、隊長・森権十郎をはじめ、隊の幹部のほとんど全員が戦死するなど多数の戦死者を出した。

小島を守っていた啓次郎に、「佐土原隊、惨敗」の報が届いた。

そんな情勢の中、佐土原からの使者が来た。長倉祐英、郡司盛武の二名は、島津忠亮公からの「今佐土原に在り、ぜひ啓次郎に会いたい」という旨の命を受け、啓次郎に面会を求めてきた。啓次郎は、「忠亮公の命とあれば」とのことで、後を小牧秀発、鮫島元に託し、三月十七日に小島を出発して佐土原・広瀬に向かった。


忠亮公は、到着した啓次郎を前にこう諭した。

「よく聞くのだ、啓次郎。西郷は政府にたてついた反逆者であり、政府から討伐の命も下されている。啓次郎、よく考えて行動するのだ。西郷にどれ程の大義があるのか。表向きは『西郷暗殺に異議申し立てがある』とのことだが、士族にも少しの不満はあるかもしれぬが、今は時代の大変革期だ。明治政府はこの困難を乗り切らねばならない。啓次郎、お主は、アメリカで学んだことを世の中に伝え、後輩を育成することが夢ではなかったのか。今からでも遅くはない。多くの部下も戦死している。これ以上の犠牲を出してはならぬ。

もはや撤退すべきだ」

忠亮公は何とか啓次郎を説得しようと試みた。

しかし、啓次郎の決意は固かった。啓次郎は、小島に同志を残していること、そして田原坂の戦いに敗れて投降の時期を失って敗走している西郷を見捨てることは絶対できないと自らの決意を述べ、忠亮公の説得を振り切り、二十八日に小島に戻った。

田原坂の戦いに敗れた薩摩軍は、このころになると勢いはやや衰え、戦線も縮小していった。

小島の防衛にあたっていた佐土原隊にも、四月一日、薩軍本営から命令が出て、甲佐（甲佐町は熊本市から南東およそ二十キロのところにある）に移動し、そこを守備することになった。

啓次郎たち佐土原隊は小島から御船に向かい、日が暮れるころ御船を出発して甲佐に向かった。甲佐では、緑川を挟んで、甲佐側に薩摩軍、堅志田側に政府軍が陣取り、にらみ合いが続いた。

翌四月二日、朝から雨が降りしきる中、薩軍本営の永山弥一郎が甲佐の本営に来た。

永山は各隊長を集めて言った。

「今わが軍はわずかな兵でここを守り、終日座しながら敵の攻撃を待っている。しかしこれは上策ではない。わが軍から先に攻撃を仕掛けることにする。明日未明に政府軍の本営のある堅志田を攻撃する」

そう言うと永山は、各隊の攻撃の後先をクジで決めた。佐土原隊は二番目になり、小牧は命令を隊員たちに伝えた。

その後行われた隊議で藩士たちは、啓次郎に攻撃には加わらず甲佐の本隊にとどまるよう求めたが、啓次郎はそれを拒否して攻撃隊に加わった。


啓次郎たち佐土原隊は、三日の午前二時に小雨の甲佐を出発し、緑川を渡って山間に入った。道は狭く険しく、そのうえぬかるんでいて歩行は非常に困難だった。

佐土原隊は、明け方近くに堅志田の政府軍本陣を急襲した。しかし、政府軍の逆襲を受け緑川の岸まで退却した。政府軍はそのまま一気に甲佐の薩摩軍本営に攻め入った。薩摩軍による堅志田本陣への奇襲作戦は失敗に終わった。薩摩軍、佐土原隊ともに甲佐を撤退し、矢部まで後退することとなった。

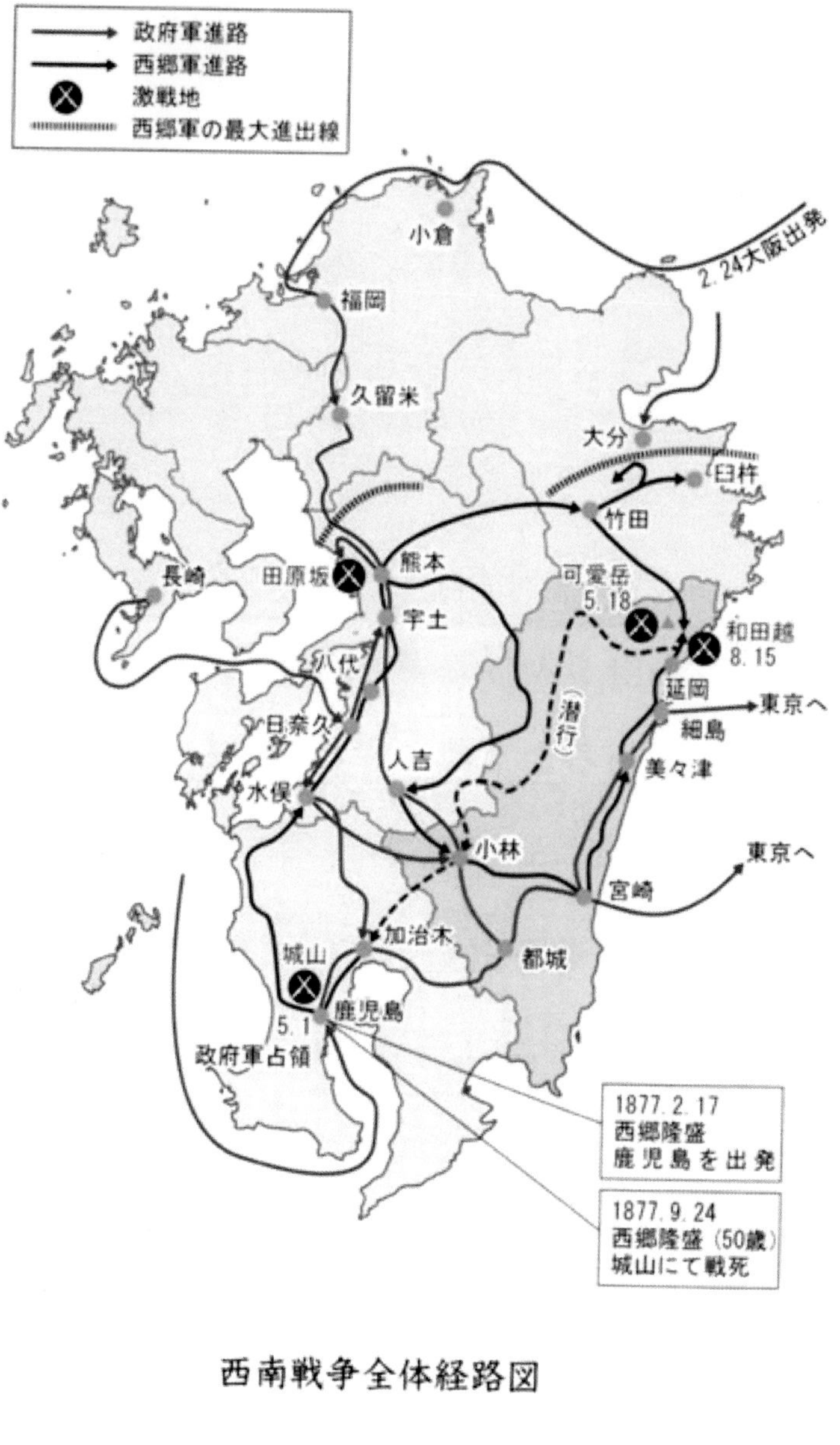
政府軍進路
西郷軍進路
激戦地
西郷軍の最大進出線
小倉
2.24大阪出発
福岡
久留米
大分
臼杵
竹田
熊本
田原坂
長崎
可愛岳
5.18
宇土
和田越
8.15
八代
延岡
東京へ
日奈久
潜行
細島
人吉
美々津
水俣
小林
東京へ
宮崎
加治木
城山
都城
鹿児島
5.1
政府軍占領
1877.2.17
西郷隆盛
鹿児島を出発
1877.9.24
西郷隆盛（50歳）
城山にて戦死

西南戦争全体経路図

田原坂の決戦で敗れてからは、薩摩軍の士気は上がらず、形勢が不利になると逃げ去る者も多く見られるようになっていった。佐土原隊も、田原坂、甲佐、堅志田での戦いで多くの死傷者を出していた。

啓次郎は、矢部に撤退しながら忠亮公の言葉を思い出し、小牧に打ち明けた。

「小牧様、道々、啓次郎はいろいろなことを考えておりました。田原坂で戦った藩士のこと、本営の軍略のなさ、軍資金のこと、兵器の不備のことなど。そして兄上からは、『西郷は賊軍で討伐の命が出されている。今からでも遅くはない、撤退するように』と諭されました」

小牧は、この時初めて、政府から薩摩軍に対して賊徒征伐（朝廷や政府に反逆する勢力を武力で制圧すること）が出されていることを知った。そしてさらに、啓次郎が長兄から諭されていたことも聞き、「我々は大きく方向性を間違ったのかもしれない」と思った。

「小牧様、私は一旦撤退して佐土原に帰り、時機を見て朝廷に願い出ようかと思います。西郷の助命も政府に嘆願しようと思います。これ以上戦っては犠牲が増えるばかりです」

「啓次郎様、私も不本意ながら啓次郎様に従います。兵器も食料も少なく、これ以上戦っても到底勝ち目のある戦とは思えません。犠牲が増えるばかりだと思います。一旦撤退しましょう」

啓次郎は、小牧に命じて全軍を集めると、藩士たちにこう語った。

「本日の戦いでわが隊は孤軍奮闘し、よく戦った。しかし各軍バラバラで、他の隊は怖気づき、危ないとみれば逃げる。これが、わが佐土原隊に死傷者が多く出て、また全軍が敗戦に至った原因である。薩摩の本営は兵を無駄死にさせるばかりで軍略がない。これを言えば卑怯者扱いにされる。ここにおいて私は目的を達するために隊を解散して戦場を離れ、二、三名の者とともに東上して政府に陳情することにしようと思う。諸君、わが隊はこれより佐土原に向かって撤退する！」

すると、近くで聞いていた薩軍の岩切隊長が怒りだし、「そのようなことは許さない。すぐに引き返して御船の防御陣に加われ」と語気を強めた。しかし、啓次郎はその言葉を無視し、全軍に解散の指令を出した。

四月四日に解散令を出した啓次郎は、小牧と四、五名の藩士とともに矢部を発ち、鞍岡を経て上椎葉に入り、さらに椎葉から銀鏡、小川、越野尾、御泊、妻を経て、四月八日に広瀬に戻った。

佐土原隊は解体された。しかし、佐土原隊の西南戦争はこの四月八日で終わったわけではなく、この後、佐土原の悲劇、宮崎の悲劇は延岡の和田越えの戦いまで続くことになる。

桐野や鮫島元（薩摩藩士　日向国第三大区々長）は、広瀬に撤退していた啓次郎たちに再度の挙兵を促してきた。しかし、啓次郎はそれに従わず、藩士を諌めて時期を伺い、福島口から東上を図ったが、荒天が続き諦めざるを得なかった。

鮫島元から「佐土原隊、撤退」の報告を受けた桐野利秋は、啓次郎が隊を解いて佐土原に帰ったことに激怒し、「薩摩軍を見限って撤退した卑怯者」と見ていた。

桐野の命を受けた鮫島元は、佐土原にやってきてしきりに募兵を行い、「佐土原隊は謀反を起こして佐土原に撤退した。もしこの募兵に応じなかったら捕らえて殺害する。もしくは、薩摩の兵を率いて村を襲撃する」などと佐土

第3図　佐土原属義隊行動図

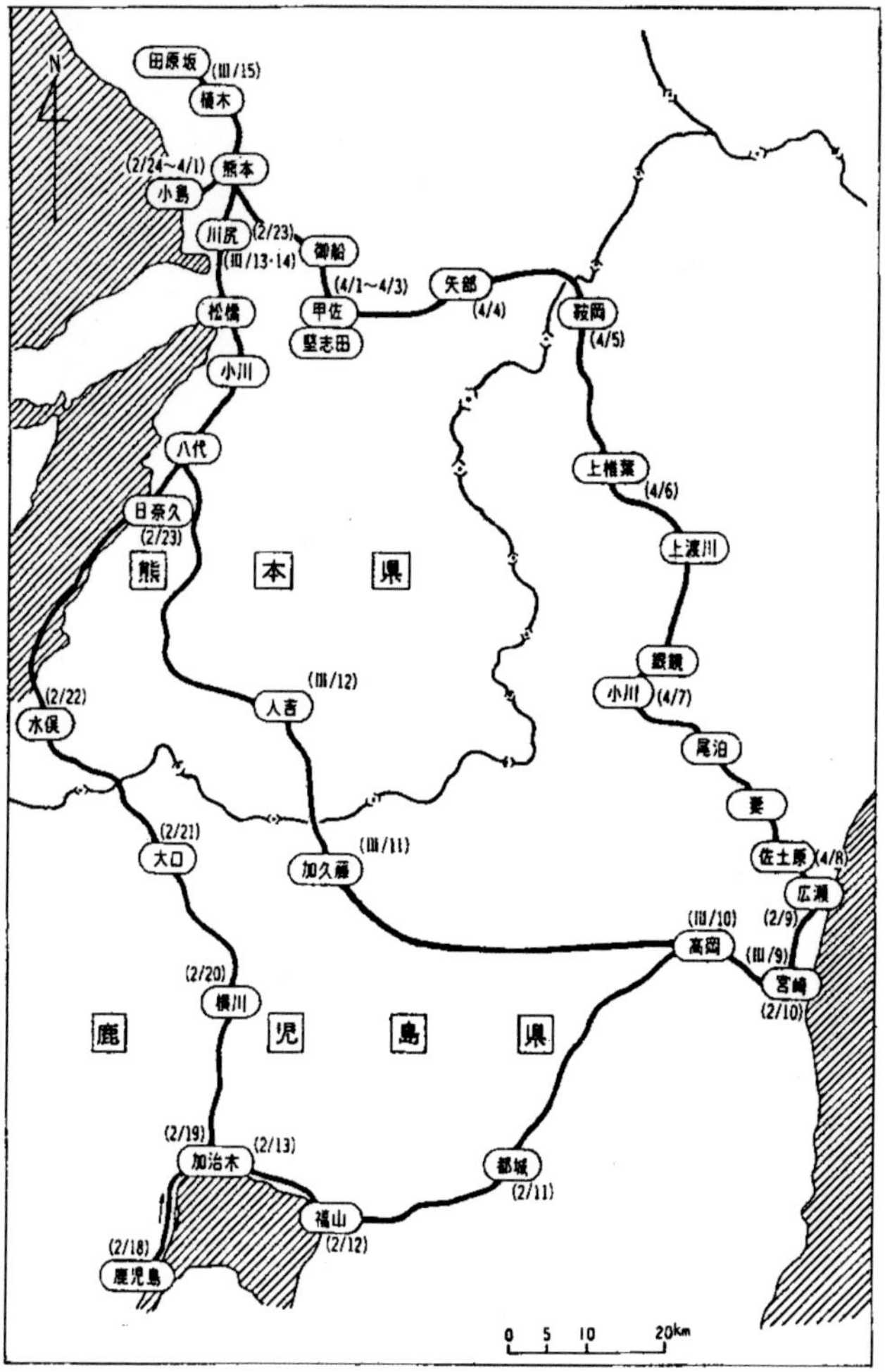

原の住民たちを脅迫した。

鮫島元の脅しにも似た募兵に屈した啓次郎は再度兵を組織し、江代（熊本県球磨郡水上村江代）や米良（宮崎県児湯郡西米良村）で政府軍と戦った。しかし、難なく敗れ、佐土原隊は再度解隊に追いこまれた。

そのころ薩摩軍は、熊本を南下し江代を経て四月二十七日には人吉に撤退していた。

桐野は西郷たちに先行して五月の中ごろ宮崎に入り、宮崎支庁を軍務所にして西郷を待った。西郷は、五月三十日に人吉から加久藤、えびの、小林、高原を経て宮崎の軍務所に入り、体勢の立て直しを図った。そのころはすでに、桐野が西郷に代わり薩摩軍の指揮を執るようになっていた。

佐土原に帰っていた啓次郎は、桐野に宮崎の軍務所に呼び出された。

佐土原隊からただ一人離れた啓次郎は、中村町の福島邸に駐屯することになる。そしてその後は、桐野らと行動をともにする。

二ヶ月半にも及ぶ宮崎での政府軍との戦いは、延岡の和田越えの激戦で終焉を迎えることになる。

七月三十日の宮崎の戦いでは、大淀川を挟んで両軍が対峙した。大淀川は前日からの雨で水かさが増していた。政府軍は天神山の下からイカダで大淀川を渡り、薩摩軍の不意を突いた。不意を突かれた薩摩軍は佐土原に撤退した。

さらに、撤退した佐土原でも政府軍に蹴散らされ、薩摩軍は町に火を放ちながら北上した。耳川の戦いにも敗れ、いよいよ和田越えの激戦を迎えることになる。

西南戦争最後の激戦となった和田越えの戦いでは、初めて西郷が戦場に姿を見せて陣頭指揮を執った。しかし、三千五百たらずの薩摩軍と、五万の兵士を配置した政府軍とでは、多勢に無勢で薩摩軍の敗北は必至だった。

西郷は、撤退した北川の俵野で、大打撃を受けて崩壊寸前になった薩摩軍を解散した。啓次郎の西南戦争も、ここで終わりを告げることになった。

宮崎の戦いでの薩摩軍は、「政府軍は寄せ集めの兵隊の集団で、何の苦も無く蹴散らせる」と考えていたのかもしれない。しかし政府軍は、組織立って訓練された軍隊、海軍力、武器、そして豊富な軍資金、それに加えて連絡能力にも大きな差があった。戦いが最後になるほど、その差はより大きくなった。

一方、えびのから延岡の和田越えの戦いまで、宮崎での農民その他の募兵で構成された薩摩軍は、各地の戦闘で、不利になると逃げかえる者も多く、はなから戦う集団の体をなしていなかった。

啓次郎は、西南戦争に散った――。

啓次郎参戦の大義は「西郷隆盛の暗殺計画に異議がある」とのことではあった。しかし、その参戦の背景には、宮崎が当時は薩摩藩だったこと、佐土原藩の士族も「ふたたび」の夢を描いたこと、さらには啓次郎の性格もあったのではないかと思われる。三男坊の気ままさ、そして生来の激しい性格（高校での退学やアナポリス海軍兵学校の中途退学）も、初めての戦争に彼を駆り立てる要因になったのかもしれない。

それにしても、充分な計画もなく、兵器や軍資金の調達もままならず、組織化された政府軍に向き合ったのは、浅はかで無謀だったとしか言いようがない。啓次郎はリーダーとして、もう少し熟考すべきだったのではないだろうか。

この戦いで多くの若者が亡くなっている。西郷はなぜこの戦いを回避できなかったのだろうか。なぜ西郷は、私学校生徒を説得して一人で政府と向き合えなかったのだろうか。

また、なぜ西郷は田原坂の戦いに敗れた時に降参の旗を揚げなかったのだろう。彼がその時点で判断をしていれば、多くの将来有望な青年たちを死なせずに済んでいたかもしれない。

薩摩軍は、田原坂の戦い以降はただ敗走するだけの戦いになり、日向宮崎は薩摩軍や政府軍によって南から北の延岡まで荒らされ、焼け野原にされていった。
啓次郎の最期についての資料はない。彼は、短かった自分の一生をどのように考えて、その時を迎えたのだろうか。

〈海舟語録（明治三十年三月十六日）〉

（勝海舟は西南戦争での西郷の立場を聞かれて）
「西郷は不平党のために死んだ。西郷はああいう時は、実に工夫ができない男で、智慧がなかったから、ああなった。あれだけの不平党を散らすのは、訳はないのだがね」

〈福沢諭吉の西郷論（福沢諭吉全集第六巻　明治十年丁丑公論）〉

福沢諭吉は、西郷隆盛を高く評価していたが、西郷が暗殺疑惑の解明を、挙兵の名分としたことには疑問を呈し、武器を取ったことにも不満を表明している。

西南戦争に関しては、「私学校生徒に行くべき道を示して誘導すべきだった。それができなかったのであれば、西郷の罪は不学にあり」と論じている。
西郷も留学をして、世界を広く見聞する機会があったなら、また違った方法があったのではないだろうか。

〈海舟語録（明治三十年三月十六日）〉

「若い人で望みのあった者が有りましたか？」と聞かれて、勝は「たった一人いたよ。大抵の者は、何をする人だと、決まっているがネ、それはどうなるか、少しもわからなかったよ。『決して急くな　急くな』と言っておいたのだが、とうとう西南の時に出掛けて行って死んでしまったよ。」

これは啓次郎のことを指しているのではないだろうか。
だとすれば勝は、かなり啓次郎に期待をかけていたと考えられる。

啓次郎と小牧秀発とは、浅からぬ縁でつながっていたような気がする。

二人のつながりは、鹿児島留学に始まり、西南戦争で終わっている。残念なのは、小牧秀発が西郷隆盛と同様、留学の経験がなかったことにあるのかもしれない。忠寛公は八人もの藩士をアメリカに留学させているが、なぜか小牧秀発だけは留学させなかった。恐らく忠寛公は、小牧秀発は佐土原に残しておきたかったのかもしれない。

小牧側にも留学を妨げる理由はあった。目が悪かったのだ。小牧がそれを理由に自ら辞退したのか、それも定かではない。しかし、もし彼が留学をして見分を広めて佐土原に帰ってきていたなら、血気にはやる藩士や啓次郎の行動をいさめ、違う方向に導くことができていたかもしれない。

小牧秀発は、西南戦争後に行われた裁判での供述調書『薩軍口供書』で、「最初は国の為に功績のあった西郷を暗殺しようとするのは許しがたきことであり、隆盛らがこれを政府に尋問しようとしていることは、名義が判然としていることであると妄信していた。しかし佐土原からふたたび小島に帰ってきた啓次郎から、『鹿児島の賊徒征討が出された』ことを伝え聞き、忠亮公が啓次郎に懇諭された次第も聞き及んで、大きく方向性を間違ったことを悟った」と供述している。

啓次郎の西南戦争は、初めて戦いに出た甲佐・堅志田の戦いと、宮崎最大の激戦、和田越えの戦いで終わっている。

西南戦争は宮崎に甚大な被害をもたらした。ただ一つ良い結果をもたらしたとすれば、それは「ふたたび宮崎県として独立しよう」という機運を高め、数年後に鹿児島県から分県する上での起爆剤となったということかもしれない。

宮崎は、一八七三年（明治六年）、大淀川を挟んで分かれていた美々津県と都城県が統合され、「宮崎県」となった。

一八七六年（明治九年）になると、宮崎県は鹿児島県に合併され、宮崎県庁は鹿児島県の「宮崎支庁」となった。

一八七七年（明治十年）に西南戦争が勃発すると、宮崎の人々は「鹿児島県人」として戦争に参加した。薩摩軍は田原坂の戦い以降は敗走・惨敗の戦いになった。

宮崎県民は温厚で穏やかな県民性であったが、脅迫にも似た募兵で駆り出され、田畑を荒らされ、強奪にも似た金品の拠出など、その被害はあまりにも甚大で、「一揆」を起こす気力も失われていった。

薩摩軍は、宮崎での軍費調達の為に軍札（西郷札）を発行した。しかし、薩摩軍の敗北により西郷札はその価値を全く失い、明治政府からの補償もなかったため、宮崎の経済は大きな打撃を受けた。

戦後、西郷札の乱用による経済逼迫《ひっぱく》はさらに進み、米価の高騰、食料の枯渇による餓死の発生などの被害も多くみられた。

そのような中、戦後の宮崎県域復活の機運は高まっていく。鹿児島県が薩摩・大隅の復興を優先したこと、県庁が遠くに在り何かにつけて不便であること、鹿児島県による宮崎支庁への支出が徴収される地方税よりも少ないこと、など県民の不満の高まりが鹿児島県からの分県運動を後押しした。

そして、川越進（宮崎市清武町出身で鹿児島県会議長、分県後は宮崎県議会初代議長、衆議院議員）ら有志たちが分県運動を進めたことにより、一八八三年（明治十六年）に宮崎県再置が実現した。

島津啓次郎年譜

一八五七年（安政四年）七月　佐土原藩第十一代藩主・島津忠寛の三男として佐土原に生れる
一八六〇年（万延元年）三歳　寺社奉行町田宗七郎の養子となる
一八六七年（慶応三年）十歳　鹿児島の重野塾に留学
一八六八年（明治元年）十一歳　重野塾を辞して佐土原に帰る
一八六九年（明治二年）十二歳　上京する。藩主・忠寛公が勝海舟に啓次郎の入塾依頼
啓次郎と曾小川彦千代の二人が勝海舟に面会　海舟塾に入門
一八七〇年（明治三年）十三歳　九月　アメリカに留学
一八七一年（明治四年）十四歳　ニューヘイブンのグラマースクールに入学
一八七二年（明治五年）十五歳　ハートフォード高校に入学
一八七三年（明治六年）十六歳　アナポリス海軍兵学校に入学
一八七五年（明治八年）十八歳　アナポリス海軍兵学校を自ら退校
一八七六年（明治九年）十九歳　四月　サンフランシスコを出港、帰国の途に就く
六月　佐土原に帰郷
一八七七年（明治十年）二十歳　二月五日　咼文黌校開校
二月九日　西南戦争に参戦　佐土原から鹿児島に向かう。
四月四日　甲佐・堅志田の戦いに敗れ佐土原隊を解隊し佐土原に撤収
八月十五日　和田越の戦い（延岡）
八月十六日　西郷隆盛が薩摩軍の解軍の令を出す
九月二十四日　啓次郎　鹿児島で戦没

宮崎日日新聞
THE MIYANICHI
2020年（令和2年） 6月26日（金）
西南戦争で散った佐土原藩主第3子
島津啓次郎 遺品の辞典か
県立図書館所蔵 米留学後持ち帰る
島津啓次郎（県史より転載）

23/07/2020
第4部番外編「辞書を巡る物語」㊤
国文祭・芸文祭2020
性格温厚、屈指のエリート
平山太郎
宮崎市佐土原町の明神山地区にある平山太郎の墓。墓面には碑文がびっしり刻まれている
杉田文庫に含まれていた平山太郎の英語本「THE BEST READING」。左ページに「千八百七十四年四月十八日 波士頓 平山」と書いてある＝宮崎市・県立図書館（野村有未撮影）

宮崎県立図書館で見つかった啓次郎がアメリカから持ち帰った辞典の記事（『宮崎日日新聞』２０２０年６月26日付）と、平山太郎が持ち帰った英語本の記事（『宮崎日日新聞』２０２０年７月23日付）。

私の本の執筆中に発見された偶然に驚いた。

〈参考資料・文献〉

第一章　旅立ち
島津啓次郎・その求めたもの　宮崎県地方史研究紀要第十九輯
島津啓次郎関係文書　宮崎市歴史資料館研究紀要第三号
島津啓次郎小伝　佐土原町教育委員会
時代に生きた人々　宮崎県地方史研究紀要第五輯
佐土原町史　宮崎市佐土原図書館
佐土原藩史　宮崎市佐土原図書館
鶴城遺芳　宮崎市佐土原図書館
宮崎県政外史　宮崎県立図書館

第二章　アメリカ留学
ジャパンウイークリーメール　国会図書館
林翁渡仏日記　宿毛歴史資料館
海舟日記　江戸東京博物館
島津啓次郎関係資料　佐土原歴史資料館

島津啓次郎関係資料　エール大学図書館
太平洋横断鉄道関係資料　アメリカユニオンパシフィック鉄道博物館
オークランド・ロングワーク関係資料　アメリカ中央太平洋鉄道写真歴史資料館

第三章　アナポリス海軍兵学校

帝国武官出張駐在及留学関係雑件　海軍之部1
勝小鹿・町田啓次郎留学之件　外務省外交史料館
吉田清成関係文書　京都大学文学研究科図書館
町田啓次郎関係文書　アジア歴史資料センター
海舟日記　江戸東京博物館
町田啓次郎関係書簡
Special collections & Archives Department, Nimitz library, U.S. A Naval Academy

古文書解説を中元暢一氏、柘植幹雄氏、藤原恵氏、若山浩章氏、福島一恵氏（宮崎市在住の方々）に、英文翻訳を鈴木一馬氏（東京在住）に依頼・協力をいただいた

＊啓次郎直筆の吉田清成に宛てた英語の手紙の原文、再入学の嘆願書、退学届の原文は確認できていない

第四章　アメリカ旅行記
ラトガース大学歴史資料館
日米中交流関係図　十九世紀後半のニューヘイブンにおける日米中異文化接触
児玉次郎関係資料　ウイルストン・ノースアンプトン・スクール図書館

第五章　帰国～佐土原へ
島津啓次郎関係資料　佐土原歴史資料館
海舟日記　江戸東京博物館

第六章　西南戦争始末記
『西南戦争従軍日誌』小牧秀発
西南戦争　宮崎県史　通史編　近・現代一
西南戦争外史　飯干　憶
西南の役薩軍口供書　小寺鉄之助
西南戦争における西郷隆盛と士族　京都大学文学部　佐々木　克
西南の役と日向の動向　宮崎県地方紙研究紀要　第四輯　永井哲雄
西南戦争と佐土原隊　石川恒太郎

西南戦争と佐土原　宮崎市佐土原歴史資料館
西南戦争における日向国民衆　宮崎県地方紙研究会　藤井美智雄
西南戦争における郷土従軍の背景に関する考察　有馬晋作

＊小牧秀発が書き残した『西南戦争従軍日誌』、啓次郎から籾木熊男宛ての書簡（手紙二通）いずれも原本・原文は確認できていない。

おわりに

偶然読んだ小説『島津啓次郎』で、島津啓次郎という人物の人生に興味を持ったのが、この本を書こうと思ったきっかけでした。

生来へ、そ曲がりな性格の私は、「これは本当かな」「これはきっとうそじゃないかな」と思いながら読み終えました。

たとえば、啓次郎がアメリカ留学の時に乗りこんだ横浜からの船便で、あの有名な歴史上の人物ジョン万次郎と一緒だったことや、勝海舟と出会ったことなどです。

「佐土原藩主の三男とはいえ、歴史上でその名をまったく耳にすることのない地方の一人物が、そのように歴史に名を残した人物たちと実際に関わった事実があるはずがない」と思ったことで、逆に啓次郎の人となりに興味をそそられたのです。

しかし、二十歳の若さで西南戦争で亡くなった啓次郎の資料は、調べてみると宮崎にはほとんど残されていませんでした。

幼児期の逸話は何篇かありましたが、啓次郎直筆のものも非常に少なく、恩師の籾木熊男に宛てた手紙二通と、彼が詠んだ漢詩（老仙詩集）と吉田清成宛の書簡くらいです。

西南戦争で亡くなっているので回顧録なども残されておらず、小牧秀発が残した『西南戦争従軍日誌』に啓次郎について書かれているくらいです。五年半の留学生活に関しても詳しいことはほとんど紹介されていませんでした。

啓次郎への興味は、やがて国を越えるほどにまで膨らみました。私はアメリカに飛び、彼の学生時代の行動を追いました。すると、これまでほとんど紹介されてこなかった啓次郎の謎が、不十分ながらも徐々に明らかになっていきました。

彼の名前が明確に残っていたのは、エール大学のグラマースクール時代、ハートフォードの高校時代、アナポリスの海軍兵学校に残された資料でした。

最初は、自分なりに啓次郎の小説としてまとめるつもりでいました。しかし、資料が次々に発見されていく中で、事実は事実として正確に伝えたいと思うようになりました。

そこで、啓次郎の歴史的事実についてはノンフィクションとして、そしてあまり明確な資料が残されていない部分についてはフィクションとして描き、その二つを織りまぜながらまとめていくことにしました。そのように描くことで、少しでも啓次郎の人生をありありと現代の人々に伝えたいと考えたのです。

啓次郎の人生を描いていく中で、私自身にもいろんな発見や「見えてきたもの」がありました。

歴史に「たら」「れば」はありませんが、啓次郎がもし二十歳で戦死せず、人並みの年齢で人生をまっとうしていたらどうだっただろう？…と。

啓次郎には、坂本龍馬や西郷隆盛、勝海舟も持ち得なかった経験がありました。アメリカ留学です。実際にアメリカへ渡り、鉄道や蒸気機関車など技術力のすごさを目の当たりにしました。さらに、民主主義や自由平等の精神を肌で感じながら、「日本もこれからこういう時代に生まれ変わっていかなければならない」と、きっと心の底から実感しただろうと思います。

そんな啓次郎が、もし西南戦争を生き抜き、留学を通して学んできた見識を近代日本の教育に役立てていたら、日本に今とは違うどんな風景が広がっていたのでしょう。

また、維新に散った坂本龍馬や、西南戦争で命を落とした西郷隆盛に、もし実際に海外留学の経験があれば、彼らの思考や行動はどのように変わり、その結果歴史はどう変わっていたのでしょう。

数え上げればきりはありませんが、そのようなことを想像しながら彼らの人生を振り返ることで、現代の私たちにとって学べることや教訓として生かせることはたくさんあると感じました。

惜しくも二十歳の若さで、一瞬の光のように駆け抜けた一人の若者の人生にもう一度光を当てて考えることで、私たちは彼から「時代を超えた教え」を受けられるのではないか。あの時代の彼でしか得られなかった体験や経験を私たちが追体験することを通して、彼の意思を私たちが継いでいくことができるのではないか、とも思いました。

そんな意味合いも込めながら、島津啓次郎という若者の人生を、後世に伝えたいと思うようになったのです。

それが、彼が私たちに残してくれた「贈り物」であり、彼の人生のもう一つの意味なのではないかと思っています。

アメリカ留学についての資料は、特にアナポリス海軍兵学校に貴重な資料が残っていて、海軍兵学校歴史資料館のアダム・ミニコウスキー氏に多大な協力をいただきました。

また、エール大学には啓次郎をはじめ佐土原の留学生たちの資料が残されていて、エール大学（現在はカリフォルニア大学サンタバーバラ校）のウイリアム・D・フレミング教授には、インターネットや面会を通じて多くの資料を提供していただきました。〈教授は、二〇一五年（平成二十七年）に佐土原の歴史資料館を訪問されたことがあります〉

さらに、明治初期のアメリカに残されていた資料の翻訳、外交史料館に残されている古文書の解読についても、多くの方々のご協力をいただきました。

また、啓次郎の足跡を追ったアメリカ旅行でも多くの方々にご協力をいただきました。

そのほか、資料提供をいただいたすべての方々に感謝いたします。

啓次郎その生涯
～島津啓次郎の謎に迫る

2020年11月1日　第1刷発行
2022年12月25日　第2刷発行

著　者　外山英人
編　集　西　隆宏
カバーデザイン　小林智子
発売元　㈱宮崎中央新聞社出版部（U-chu企画）
〒880-0911　宮崎県宮崎市田吉6207-3
電話 0985-53-2600　FAX 0985-53-5800
印刷・製本　モリモト印刷株式会社

ISBN 978-4-905514-16-9
定価はカバーに表示してあります。
乱丁・落丁本はお取換えいたします。